MARCO POLO

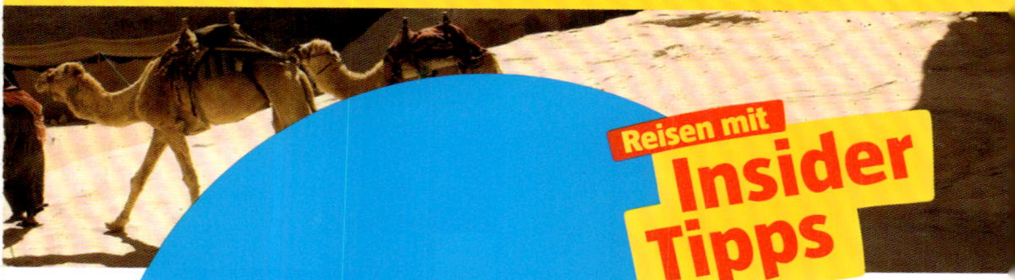

Reisen mit Insider Tipps

JORDANIEN

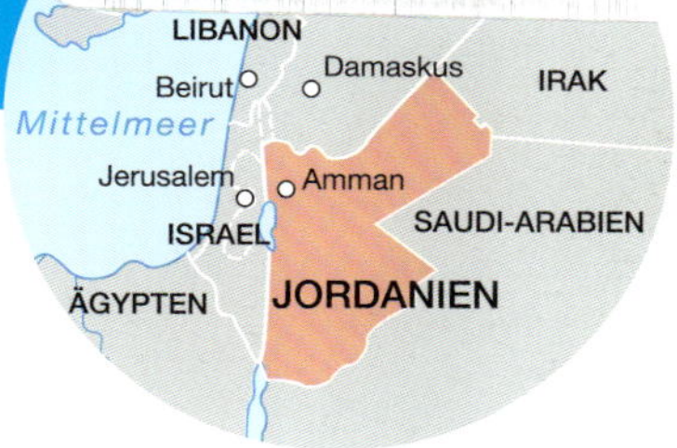
LIBANON
Beirut
Damaskus
IRAK
Mittelmeer
Jerusalem
Amman
ISRAEL
SAUDI-ARABIEN
ÄGYPTEN
JORDANIEN

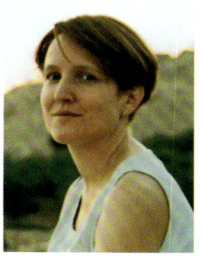

MARCO POLO Koautorin
Martina Sabra

Martina Sabra bereist Jordanien seit über 20 Jahren. Als studierte Arabistin und lokale Berichterstatterin bei der „Jordan Times“ erlebte sie den Alltag der Menschen hautnah. Aktuell arbeitet die Journalistin für Radio, Online- und Printmedien sowie als Landeskundeexpertin bei der Akademie für Internationale Zusammenarbeit der GIZ. Ihr Jordanien-Fazit: Kleines Land, große Abenteuer!

www.marcopolo.de/jordanien

Die besten Insider-Tipps → S. 4

INSIDER TIPP

Amman → S. 32

Der Norden → S. 42

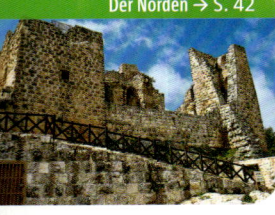

Der Osten → S. 50

SYMBOLE

INSIDER TIPP Insider-Tipp

★ Highlight

● ● ● ● Best of ...

☼ Schöne Aussicht

☺ Grün & fair: für ökologi-
sche oder faire Aspekte

**PREISKATEGORIEN
HOTELS**

€€€ über 70 Euro

€€ 30 – 60 Euro

€ unter 30 Euro

Die Preise gelten für ein
Doppelzimmer pro Nacht
mit Frühstück

**PREISKATEGORIEN
RESTAURANTS**

€€€ über 20 Euro

€€ 7 – 20 Euro

€ unter 7 Euro

Die Preise gelten für eine
Hauptmahlzeit mit alkohol-
freiem Getränk

Titelthemen: Wandmalereien im Wüstenschloss S. 53 | Segeltörn vor Aqabas Küste S. 80

INHALT

Der Westen → S. 56

Die Königsstraße → S. 64

Der Süden → S. 76

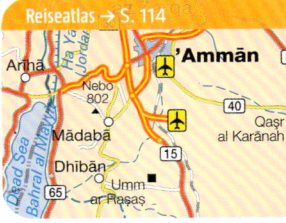

Reiseatlas → S. 114

GUT ZU WISSEN
Geschichtstabelle → S. 12
Palästinenser → S. 21
Spezialitäten → S. 26
Lawrence von Arabien
→ S. 38
Bücher & Filme → S. 60
Jean Louis Burckhardt → S. 75
Tipps: sicher wandern und
klettern → S. 94
Was kostet wie viel? → S. 105

KARTEN IM BAND
(114 A1) Seitenzahlen
und Koordinaten verweisen
auf den Reiseatlas
(U A1) Koordinaten für die
Karte von Amman im hinte-
ren Umschlag
Detailkarte von Petra
→ S. 122
Die Schreibweise der Ortsna-
men im Text folgt der internationalen Umschrift des Arabischen.

**UMSCHLAG HINTEN:
FALTKARTE ZUM
HERAUSNEHMEN →**

FALTKARTE 🗺
(🗺 A–B 2–3) verweist auf
die herausnehmbare Falt-
karte
(🗺 a–b 2–3) verweist auf
die Zusatzkarte auf der Faltkarte

Die besten MARCO POLO Insider-Tipps

Von allen Insider-Tipps finden Sie hier die 15 besten

INSIDER TIPP **Besinnliche Teepause**
Das Darat al-Funun in Amman ist ein verträumter Ort für Kunstliebhaber → S. 35

INSIDER TIPP **Aus Knast mach Museum**
Im Dar Saraya in Irbid schmachteten einst Gefangene. Heute beherbergt das Gemäuer eines der am besten dokumentierten und gepflegtesten Museen Jordaniens → S. 45

INSIDER TIPP **Frauenpower kulinarisch**
Bei der Frauenkooperative Lukme Haniyye in Irbid können Sie Ihren Picknickkorb mit selbstgemachten Leckereien füllen und damit gleichzeitig die Emanzipation unterstützen → S. 46

INSIDER TIPP **Herrscher über den Eichenwald**
Das Blätterrauschen wiegt Sie in den Schlaf – romantisch und naturnah übernachten in mediterraner Landschaft in den Pfahlbauten mit Zeltdach der Ajloun Forest Lodge → S. 44

INSIDER TIPP **Kekse mit Tradition**
Seit 1860 machen die Zalatimo-Brüder in Amman die besten trockenen *ma'amul* – leckere Kekse mit Pistazien, Nüssen oder Datteln, reisefertig in Metalldosen verpackt → S. 39

INSIDER TIPP **Paradiesisches Steinzeug**
Die alteingesessene Balian-Familie bemalt orientalische Fliesen und Keramikgefäße nach Ihren Wünschen → S. 38

INSIDER TIPP **Perfekter Freitag in Amman**
Frischen Obstsaft und selbstgemachten Kuchen genießen – bei einem Bummel über den Flohmarkt Souk Jara. Entdecken Sie in lockerer Atmosphäre authentisches Kunsthandwerk neben innovativen Kunstprojekten → S. 89

INSIDER TIPP **Sonnenuntergang ahoi**
Romantische Tour auf einem historischen Segelboot im Golf von Aqaba → S. 80

BEST OF ...

TOLLE ORTE ZUM NULLTARIF
Neues entdecken und den Geldbeutel schonen

● *Auf Tuchfühlung mit dem Rebellendichter*
Spüren Sie einem Rebellen gegen alle Konventionen nach: Im Beit Arar, einem historischen Wohnhaus im Damaszener Stil in Irbid, erinnert eine kostenlose *Dauerausstellung* an Arar alias Mustafa Wahbi At-Tall, den bedeutendsten jordanischen Dichter des 20. Jahrhunderts → S. 45

● *Spazieren in Ruinen*
In den 2000 Jahre alten *Ruinen von Pella* kraxeln Sie nach Lust und Laune gratis umher, und auch in den Hügeln rundherum gibt es schöne Spazierwege, die auf die Erkundung warten (Foto) → S. 58

● *Freiluftkino bei Mondschein*
In der Gründerzeitvilla der *Royal Film Commission* auf dem Jabal Amman können Sie nicht nur kostenlos internationale Filme gucken, sondern auch tolle Fotos von der Zitadelle und Alt-Amman schießen. Abends gibt es Freiluftkino unter dem Sternenhimmel → S. 41

● *Umm al-Jimal – die Mutter der Kamele*
In *Umm al-Jimal* besichtigen Sie eine der bedeutendsten antiken Städte Jordaniens und erleben den Charme des Alltäglichen in römischer, byzantinischer und frühislamischer Zeit. Eintritt? Fehlanzeige, hier kommen Sie umsonst rein → S. 55

● *Badefreuden in Aqaba*
Man muss in Aqaba für Sonnenbad und Schwimmen kein Vermögen ausgeben. Am *gepflegten öffentlichen Strand* finden Sie alles Notwendige. Freitags und samstags erleben Sie zudem noch jordanisches Familienleben at its best → S. 80

● *Überraschend grün*
Im *Wadi Ibn Hammad* ist es grün wie in den Tropen. Und das Wandern ist so unkompliziert, dass Sie durchkommen, ohne einen Guide zu bezahlen – vorausgesetzt, Sie sind nicht allein, haben zwei Liter Trinkwasser dabei und eine Kopfbedeckung! → S. 90

● ● ● ● Diese Punkte zeichnen in den folgenden Kapiteln die Best-of-Hinweise aus

● Crash-Kochkurs in Petra

Sie möchten Ihre Freunde nach dem Urlaub mit jordanischer Küche überraschen, sind aber nicht sicher, ob Sie die richtigen Rezepte haben? Kein Problem – Bei Eid Nawafleh im Restaurant *Petra Kitchen* dürfen Sie in die Töpfe schauen und auch ein paar Tricks abgucken → S. 74

● Fresken in Wüstenschlössern

Ist der Islam lustfeindlich? Ein Besuch in den Wüstenschlössern im Ostteil Jordaniens kann so manches Vorurteil ins Wanken bringen, denn die frühen islamischen Herrscher ließen ihre Bäder mit *erotischen Fresken* schmücken, zu bewundern im Qasr Amra → S. 53

● Beduinen mit Dudelsack

Auf dem Kopf die rot-weiße Keffiye, unterm Arm der schottische Dudelsack, und dann wird gedudelt: Ein Auftritt der Königlich Jordanischen Marschkapelle ist auf jeden Fall ein besonderes Erlebnis, zum Beispiel während des alljährlichen *Sommerfestivals* in den Ruinen von Jerash → S. 99

● Freitag ist Familientag

Familienleben ist für die Jordanier das Wichtigste: Am Wochenende geht es mit Sack und Pack hinaus ins Grüne. Zu den Lieblingsorten für Picknicks in und um Amman gehört der *Dibbin-Naturpark* bei Jerash → S. 49

● Mosaikkunst in Madaba

Kunsthandwerk für Geduldige: Die Stadt Madaba ist berühmt für Bodenmosaiken. Die Nachbildung der *uralten biblischen Landkarte Palästinas* aus der St.-Georgs-Kirche eignet sich hervorragend für ein Foto → S. 69

● Wadi Rum – Wüste mit allen Sinnen

Nachts die Sterne zählen? Tagsüber am Pool faulenzen, die warme Sonne im Gesicht spüren und die Stille genießen? Zu Pferd oder mit dem Kamel in die Wüste reiten? Im *Bait Ali Camp im Wadi Rum* erleben Sie die Wüste in allen Facetten. Tahsin und seine englische Frau Susan machen es möglich (Foto) → S. 85

TYPISCH

BEST OF ...

WETTER

● **Ballonfahren in Wadi Rum**
40 Grad im Schatten? Kein Problem – gehen Sie in die Luft. Mit dem *königlichen Aero-Sportclub* entdecken Sie die grandiosen Landschaften Südjordaniens aus der Vogelperspektive → S. 84

● **Archäologische Schätze**
9000 Jahre alte Statuen laden Sie ein zu einer spannenden Zeitreise – im wohltemperierten, englischsprachigen *Archäologie-Museum in Irbid* → S. 45

● **Wasserspiele und Sofas im Restaurant**
Kühle Marmorfliesen, Wasserspiele, schattenspendende Zeltdächer und großzügige Beduinensofas, auf denen Sie sich nach dem Essen genüsslich ausstrecken können: Im Restaurant *Reem Al-Bawady in Amman* sind „Hundstage" kein Problem → S. 38

● **Im Stadtmuseum von Jordaniens einzigem „Herzog"**
Mamduh Bisharat liebt alte Häuser. In seinem *Duke's Diwan* sind Sie von zahlreichen Bildern und Fotografien von einem vergangenen Amman umgeben. Und mit etwas Glück serviert Ihnen der Hausherr dazu arabischen Mokka und traditionelle Süßigkeiten → S. 35

● **Immer auf der Höhe in Salt**
Im Städtchen *Salt* weht fast immer eine frische Brise. Einst war es Regierungssitz der Emire von Transjordanien. Verpassen Sie bei einem Rundgang nicht das Stadtmuseum im schmuck restaurierten osmanischen Wohnpalast → S. 90

● **Orientalischer Traum in Petra**
Nicht jeder kann es sich leisten, im *Mövenpick Resort Petra* zu nächtigen. Doch einen Drink in der klimatisierten Lobby des Hotels sollten Sie sich gönnen. Die Innenarchitektur und das orientalische Dekor dieser Edelherberge sind überwältigend (Foto) → S. 75

ENTSPANNT ZURÜCKLEHNEN
Durchatmen, genießen und verwöhnen lassen

● *Öko pur im Wadi Feynan*

Einmal ohne Mobiltelefon und Internet auskommen, dafür fleischlose Menüs und Kerzenschein genießen – in Wadi Feynan finden Sie Ruhe in der *Eco Lodge*. Lassen Sie die Seele baumeln auf der Panoramaterrasse mit Rundblick über die Wüstenlandschaft. Die solarbetriebene Anlage zählt zu den besten Öko-Lodges der Welt (Foto) → S. 62

● *Orientalischer Eisgenuss*

Das müssen Sie sich auf der Zunge zergehen lassen: traditionelles *Mastix-Eis im Pistazienmantel*. Mastix ist das Harz der Mastix-Pistazie. Lust bekommen? Dann auf ins Al-Quds Restaurant in Amman → S. 36

● *Relaxen am Toten Meer – für die ganze Familie*

Das Tagesresort *Amman Beach* am Toten Meer lockt mit einem sehr schönen Strand, dazu ein großer Pool und allem, was man sonst zum Wohlfühlen braucht. Kinder sind willkommen → S. 63

● *Wenn am Berg Nebo die Sonne versinkt*

Sonnenuntergang am *Mosesberg*: Im zartrosa Abendlicht werden die Konturen der Landschaft und die Stimmung sanft. Der laue Wind streichelt die Haut, die Welt scheint friedlich. Fahren Sie eine halbe Stunde früher los, und kosten Sie diesen Moment richtig aus → S. 70

● *Entspannen Sie im türkischen Bad in Petra*

Die Erkundung der weitläufigen roten Felsenstadt war gigantisch, doch jetzt piekt der Sand in den Poren, und die Muskeln zwacken – was gibt es da Besseres, als sich im *türkischen Bad des Hotels Amra Palace* verwöhnen zu lassen? → S. 75

● *Schlemmen in Aqaba*

Besichtigungen von Burgen und Tempeln können ganz schön anstrengend sein – belohnen Sie sich mit einem leckeren Essen! In Aqaba warten tolle Restaurants auf Sie. Beschließen Sie Ihr Dinner im *Blue Bay* auf echt jordanische Art mit eisgekühlter Wassermelone und einem Mokka → S. 79

AUFTAKT

ENTDECKEN SIE JORDANIEN!

Weltgeschichte im Zeitraffer, imposante Naturschätze, faszinierende Landschaften: Das haschemitische Königreich ist eine kleine Perle – auf engem Raum liegen Zeugnisse der großen europäischen und vorderasiatischen Kulturen nebeneinander. Wie in einer Zeitmaschine können Reisende die Weltgeschichte bis in ihre Frühzeit zurückverfolgen. Die ältesten Großplastiken der Welt, die Ain-Ghazzal-Statuen mit ihren lebendigen Gesichtern – zu sehen im Archäologischen Museum in Amman –, schufen Künstler im 8. Jahrtausend v. Chr. Höhepunkt jeder Jordanienreise ist die Felsenstadt Petra, die die Nabatäer ab dem 6. Jh. v. Chr. in den rötlichen Stein geschlagen haben. Griechen, Römer, Christen, Muslime und Kreuzritter hinterließen beeindruckende Spuren auf dem Territorium des heutigen Jordaniens.

Doch das Land lädt nicht nur zu einem Spaziergang durch die Geschichte ein, es besitzt auch großartige Naturschätze. Die Region an der Schnittstelle des Mittelmeerraums und der großen Wüste der Arabischen Halbinsel bietet spektakuläre Landschaften. So fasziniert im Süden die Wüste Wadi Rum mit ihrem feinen Sand

Bild: Natursteinbrücke im Wadi Rum

Mediterrane Landschaften: Olivenhaine finden sich oft im Norden Jordaniens

und den roten Felsen, die grandios in den Himmel aufragen. Sie ist der schönste Teil der Wüstengebiete, die 90 Prozent Jordaniens ausmachen und die Bevölkerung geprägt haben. Die Weite und die Einsamkeit dieser Landschaft reduzieren alles auf das Wesentliche: schlichte Gesten, keine überflüssigen Worte, Kontrolle der Emotionen. Diese Eigenschaften haben sich in Jahrtausenden herausgebildet, in denen die Menschen sich an die lebensfeindliche Umgebung angepasst haben. Die unaufdringliche, fast zurückhaltende Höflichkeit der Jordanier hat hier ihren Ursprung. Aber auch die nüchterne Lebenseinstellung: So gibt es im Ramadan keine Volksfeste bis spät in die Nacht und nach dem Fastenbrechen kein sinnenfrohes Treiben in den Straßen. Die Jordanier feiern im Kreis der Familie, im eigenen Haus.

Nur wenige Kilometer vom Wadi Rum entfernt wartet das Rote Meer, das mit seinen Korallenriffen und Fischgründen ein Paradies für Taucher ist. Das Jordantal, in dessen subtropischem Klima Gemüse angebaut wird, bietet dagegen Grün, so weit das

12. Jh. v. Chr.
Frühe Kleinstaaten östlich des Jordans: Ammon, Edom, Moab

6. Jh. v. Chr.–2. Jh. n. Chr.
Nabatäer siedeln im Wadi Araba

Ab 636
Arabische Heere erobern die Region. Verbreitung des Islam

11. Jh.
Erster Kreuzzug, 1099 wird Jerusalem eingenommen

1244
Mamelucken herrschen über das Ostjordanland

1517–1917
Transjordanien ist Teil des Osmanischen Reichs

Auge reicht. An seinem südlichen Ende mündet der Jordan in das Tote Meer, das mit 400 m unter dem Meeresspiegel am tiefsten Punkt der Erde liegt. Mit seinem hohen Salz- und Mineraliengehalt zieht es von jeher Touristen an, die aus gesundheitlichen Gründen hierher reisen. Und im Norden findet sich mediterrane Hügellandschaft mit Olivenhainen.

Obwohl Jordanien so viele Attraktionen bietet, wurde das Land lange von Reisenden wenig beachtet. Hintergrund ist die politische Lage in der Region. Das Image des Pufferstaats zwischen Israel/Palästina und Irak leidet unter den instabilen Verhältnissen in den Nachbarländern. Doch Jordanien selbst ist – auch nach den Terroranschlägen auf Hotels in Amman 2005 – ein sicheres Reiseland, sowohl im regionalen als auch im weltweiten Vergleich. Nicht umsonst hat das Weltwirtschaftsforum von Davos Jordanien als Schauplatz seiner Sondertreffen in der Region ausgewählt.

Touristen werden in Jordanien wie Staatsgäste behandelt. Die Menschen sind freundlich und hilfsbereit, aber nie aufdringlich. Mit Ausnahme vielleicht bei einem Besuch in Petra werden Sie es

Viele Jordanier sprechen Englisch

nicht erleben, dass eine Meute von Andenkenverkäufern Sie verfolgt oder Kinder Sie anbetteln. Taxifahrer rechnen nach Taxameter ab, und so gibt es kein lästiges Feilschen um den Fahrpreis. Dank des guten Bildungssystems sprechen viele Jordanier Englisch. Straßenschilder sind immer zweisprachig, in Arabisch und Englisch, beschriftet. Damit ist Jordanien ein ideales Ziel auch für Individualtouristen, die selbstständig auf Entdeckungsreise gehen wollen.

1812
Der Schweizer Orientalist Jean Louis (Johann Ludwig) Burckhardt „entdeckt" die Felsenstadt Petra

1900–1908
Bau der Hedschas-Bahn

1920
Großbritannien erhält Völkerbundsmandat für Transjordanien, Palästina und Irak

1921
Emir Abdallah wird vorläufiger Herrscher Transjordaniens, sein Bruder Faisal König von Irak

1946
Jordanien wird unabhängig, Emir Abdallah zum König gekrönt

Das heutige Jordanien ist ein relativ junger Staat, der von den britischen Kolonialherren am grünen Tisch geplant wurde. Sie wollten ihrem Verbündeten Abdallah ein Königreich verschaffen, das Transjordanland, wie das britische Mandatsgebiet damals hieß. Der „kleine König" Hussein, Enkel von Staatsgründer Abdallah I., hat es verstanden, dem rohstoffarmen Land eine über seine geografische Größe hinausgehende Rolle zu verschaffen. Nach seinem Tod 1999 trat sein Sohn Abdallah II. die Nachfolge an. Mit der schönen Königin Rania an seiner Seite, die Palästinenserin ist, ist Abdallah II. ein im Westen beliebter Gast. Im Wirtschaftsbereich hat der König junge Technokraten an die Schalthebel der Macht geholt. Politische Reformen blieben jedoch weitgehend aus.

Dabei besteht auch in Jordanien Reformbedarf. Die knapp sieben Millionen Einwohner des Landes sind im Schnitt 22 Jahre alt. Der starke Bevölkerungszuwachs birgt Probleme – viele junge Leute finden keine Jobs und wandern aus. Groß ist zudem der Gegensatz zwischen Arm und Reich, eine Mittelschicht fehlt. Im Villenviertel Abdoun in West-Amman reihen sich palastartige Wohnhäuser, es stehen mindestens zwei Autos in der Garage, Hausarbeit übernimmt das Personal.

Trotz der Arbeitslosigkeit meiden Jordanier bestimmte Arbeiten. So sind die Gärtner in den Villenvierteln und im Jordantal meistens Ägypter. Aufgrund des konservativen Ehrenkodex der Beduinen und des Islam arbeiten jordanische Frauen nicht in einem fremden Haushalt. Es würde sie kompromittieren, wenn sie sich allein mit einem fremden Mann im Haus befänden. Diese Arbeit übernehmen Frauen von den Philippinen, aus Sri Lanka und Bangladesch.

Im Ostteil Ammans dagegen lebt meist eine ganze Familie in einem Zimmer, die Häuser sind eng aneinandergrenzende, oft unverputzte Betonbauten. Wirkliches Elend sieht man jedoch selten, Slums gibt es nicht. Dies ist den Hilfsgeldern aus dem Ausland zu verdanken, die Jordanien in der Krisenregion stabilisieren und die

1948
Gründung Israels, Hunderttausende Palästinenser fliehen über den Jordan. Jordanien besetzt das Westjordanland und Ostjerusalem (Annexion 1950)

1953
Hussein wird König von Jordanien

1967
Jordanien verliert die Westbank und Ostjerusalem im Sechs-Tage-Krieg an Israel, behält aber bis 1988 die Verwaltungshoheit

1970/71
Die jordanische Armee schlägt die Revolte der Palästinenservertretung PLO nieder (Schwarzer September)

Der Gegensatz von Arm und Reich dominiert die Gesellschaft – eine Mittelschicht fehlt

prowestliche Haltung des Königshauses garantieren sollen, aber auch den Überweisungen der vielen Hunderttausend Auslandsjordanier.

Bisher vertrauen die Jordanier auf die Führungsqualitäten von König Abdallah II., aber auch traditionell königstreue Gruppen rufen immer deutlicher nach Veränderungen, nach Maßnahmen gegen Korruption und nach mehr sozialer Gerechtigkeit. Umweltschützer machen gegen den Einstieg in die Atomkraft und die Ausbeutung nicht erneuerbarer Wasservorkommen mobil. Tiefgreifende politische Veränderungen oder gar ein gewaltsamer Umsturz stehen aber nicht zur Debatte. Jordanien bleibt ein faszinierendes und zugleich sicheres Reiseziel in einer ansonsten eher unruhigen Region.

Wenn Sie einige Sätze Arabisch lernen, werden sich die Türen und Herzen der Jordanier noch weiter öffnen. Viele sind freudig überrascht, wenn westliche Ausländer sich für ihre Sprache und Kultur interessieren. Entdecken Sie nicht nur die historischen Sehenswürdigkeiten Jordaniens, sondern tauchen Sie auch in die zeitgenössische arabische Welt ein. *Ahlan wa Sahlan* – herzlich willkommen.

1994 Friedensvertrag mit Israel

1999 Nach dem Tod von König Hussein wird sein ältester Sohn Abdallah II. König

2003 Die von den USA initiierte Invasion in den Irak führt zur Auswanderung Hunderttausender Iraker nach Jordanien

2010 Parlamentswahlen: Konservative Parteien liegen vorn

2011 Königstreue Militärs und Stammesführer demonstrieren zum ersten Mal auf der Straße und fordern Reformen

IM TREND

1 Kunstvoll

Arabian Art In Ammans *Orfali Art Gallery (Kufa Street 46)* haben einheimische Künstler ihren großen Auftritt. Auch die *Dar Al-Anda Art Gallery (Dhirar Bin Al-azwar Street)* bemüht sich um den Nachwuchs aus dem eigenen Land. Hier können Sie noch echte Entdeckungen machen – und Konzerte und Lesungen gibt es auch. Eine vielversprechende Vertreterin der Kunstszene ist Rima Mallah, deren Werke in Amman im *Love on a bike (Rainbow Street, Foto o.)* erhältlich sind.

Aufsteiger

2

Canyoning Mit den Canyoning-Guides von *Terhaal (48 Ali Nasuh Al Tahir Street, Amman, www.terhaal.com, Foto Mi.)* und gesichert am Seil geht es durch spektakuläre Schluchten. *Lizard Life (www.lizard-life.com)* hat unter anderem auch die Wasserfälle des Wadi Himara im Canyoning-Programm. Und die Profis von *Jordan Tracks (www.jordantracks.com)* kennen die Basalt- und Sandsteinschluchten entlang des Toten Meers wie ihre Westentasche.

Jabal Amman

3

Hauptstadt-Perle In den Gassen von Jabal Amman wimmelt es von jungen Menschen, die zwischen Boutiquen, Bars und Restaurants schlendern. Insbesondere die Rainbow Street mit ihren vielen Coffeeshops und Läden ist einen Besuch wert. Legen Sie hier einen Stopp bei *La Calle (1st Circle, www.brandenite.com/lacalle-jordan)* ein. Die Dachterrasse bietet einen ausgezeichneten Blick über die Stadt. Nahe des 3rd Circle feiern die Hauptstädter im *Kanabaye* bis in den Morgen. Neben wechselnden DJs geben sich hier auch Livebands die Ehre. Rockiger sind die Klänge im *Amigos (1st Circle)*.

Jordanien bewegt sich

Walking Fieber Mit der *Amman Fastwalk*-Gruppe auf Facebook hat alles angefangen. Jetzt ist schon fast das ganze Land im Walking-Fieber. So treffen sich mehr als hundert Menschen zu den Fastwalk-Abenden von Mowaffaq Maraqa. Gemeinsam geht es mit schnellen Schritten und auf wechselnden Routen durch Amman. Selbst die *Königliche Gesellschaft für Naturschutz* macht bei dem Trend mit. Sie hat den *Jabal Amman Walking Trail* entwickelt, der vom Jabal Amman zum Jabal Luweibdeh führt. Startpunkt ist am *Wild Jordan-Zentrum (www.rscn.org.jo, Foto o.)*, wo es auch eine Karte des Weges gibt. *Responsible Travel (www.responsibletravel. com)* organisiert Wanderungen durch Jordaniens schönste Landschaften, beispielsweise rund um das populäre Wadi Rum oder auf dem *Al Ayoun-Trail* im Norden des Landes.

Desert Dining

Traditionell zubereitet Sie wollen authentische jordanische Küche probieren? Im Restaurant des Hotels *Darna Village (South Beach Road, Aqaba, www.darna-village-aqaba-jordan-hotel.com, Foto u.)* können Sie außerdem noch Zeuge einer traditionellen Zubereitung werden. Dort werden die Zutaten über Stunden im Sand gegart. Bei *Beit Sitti (6 Mohammad Ali Al Sa'di Street, Amman, www.beitsittijo. com)* werden die Gäste selbst aktiv und bereiten ein typisches Vier-Gänge-Menü zu. Gegessen wird gemeinsam in dem stimmungsvollen Haus im Viertel Weibdeh. Auch im Rahmen einer Bedouinentour können Sie einen Blick in jordanische Kochtöpfe werfen *(www. bedouinroads.com)*.

STICHWORTE

BEDUINEN

Stolze Menschen, die die Freiheit lieben und mit ihren Kamelen die Sandmeere der Wüste durchqueren: Die Kultur der Beduinen (eigentlich Bedu) ist in Jordanien omnipräsent. Dabei waren die Vorfahren von König Abdallah II. gar keine Bedu, sondern sesshafte Kaufleute in Mekka. Die hohe Wertschätzung der beduinischen Lebensweise in Jordanien beruht darauf, dass die Bedu treu zur Herrscherdynastie der Haschemiten stehen. Fast alle Bedu in Jordanien sind heute sesshaft, viele arbeiten im Tourismus. Wer aus erster Hand erfahren möchte, wie die Bedu den Spagat zwischen Tradition und Moderne erleben, kann das anrührende Buch „Im Herzen Beduinin" von Marguerite van Geldermalsen lesen.

Die Neuseeländerin heiratete 1978 einen Beduinen aus Petra und lebte die ersten zehn Jahre mit ihm in einer Höhlenwohnung in der Felsenstadt.

GENDER

Auch wenn die meisten Frauen ein Kopftuch tragen: In Jordanien gibt es keine offizielle Geschlechtertrennung und keinen Schleierzwang. Und beim Thema Bildung sind die Jordanierinnen in der arabischen Welt Spitze. Der Alltag von Frauen und Mädchen ist allerdings durch patriarchale Gesetze und Denkweisen geprägt. Die meisten jordanischen Eltern wünschen sich immer noch lieber Söhne als Töchter, damit der Familienname bestehen bleibt. Die Familienplanung gilt deshalb in den meisten

Bild: Moderne Kopftücher

Eine Gesellschaft im Aufbruch – Moderne und Vergangenheit mischen sich in Jordanien auf einzigartige Weise

Fällen erst dann als abgeschlossen, wenn die Frau mindestens zwei Söhne geboren hat. Das Personenstandsrecht ist in Jordanien von der Religion abhängig. Das islamische Recht (Scharia) kann zwar auch fortschrittlich ausgelegt werden, doch die in Jordanien übliche konservative Interpretation benachteiligt Frauen. Jordanierinnen stehen beim Erbrecht und beim Sorgerecht für die Kinder schlechter da, sie können sich nur unter erschwerten Bedingungen scheiden lassen, und sie müssen bis zu drei Neben-

frauen akzeptieren. In der Politik spielen Frauen eine geringe Rolle. Seit 2003 stehen ihnen dank einer Quote insgesamt 5 Prozent der Sitze im nationalen Parlament zu. Bei Kommunalwahlen beträgt die Frauenquote 20 Prozent.

KAFFEE

Kaffee, auf arabisch „qahwa", ist in Jordanien nicht nur bloßes Getränk, sondern eine Lebenseinstellung. Die Beduinen zelebrieren das Rösten und Kochen des grünen Kaffees als feierliches Ritual,

Für die Jordanier mehr als nur ein
Getränk: Kaffee

KÖNIGSFAMILIE

Die jordanische Königsfamilie *(www. kingAbdallah.jo)* führt ihre Abstammung auf den Propheten Mohammed zurück und verwaltete über Jahrhunderte die heiligen Stätten in Mekka und Medina. Daher zählt sie zu den edelsten in der arabisch-islamischen Welt. Im Westen ist die eingeheiratete Königin Rania *(www.queenrania.jo)* fast bekannter als ihr Ehemann Abdallah II. Fotos der eleganten Frau, die sich mit Vorliebe von italienischen Designern einkleiden lässt, füllen so manche Seite der Gesellschaftsmagazine. Die Computerspezialistin, die in Kuwait geboren wurde, heiratete Abdallah II. im Jahr 1993. Sie fördert nicht nur soziale Projekte und Frauenrechte in Jordanien, sondern sitzt auch im Vorstand des Weltwirtschaftsforums von Davos. Das Paar hat vier Kinder.

Während das Königspaar im Westen beliebt ist, weil es so modern wirkt, hat es im eigenen Land noch nicht die Popularität erreichen können, die König Hussein und Königin Noor, die letzte und beliebte Frau König Husseins, besaßen. Zwar hat sich Abdallah II. zu Beginn seiner Regentschaft inkognito unter das Volk gemischt, um die Arbeit von Behörden oder Krankenhäusern zu erleben. Dennoch vermissen viele Jordanier bei ihm die Bodenhaftung, die seinen Vater auszeichnete.

MOTORRAD

Viele Jahre hatten ausländische Motorradfahrer die zahlreichen schönen Panoramastraßen des Landes fast für sich allein: Nur Touristen, die Polizei und seine Majestät König Abdallah II. höchstpersönlich durften in Jordanien Motorrad fahren. In Zukunft sollen auch die jordanischen Normalbürger im eigenen Land auf die Tube drücken dürfen. In Naur, auf halber Strecke zwischen Amman und dem Toten Meer, hat der

mit dem man die Wertschätzung des Gastes ausdrückt. Das bittere, aromatische heiße Getränk wird in winzigen Schlucken genippt – höchstens dreimal hintereinander. Das vierte Schälchen sollten Sie ablehnen! Die meisten Jordanier denken beim Kaffee jedoch gar nicht an beduinische Zeremonien, sondern an einen schwarzen Mokka. Ob nach dem Aufwachen, zur Begrüßung oder nach einem guten Essen – immer wird ein Tässchen serviert, je nach Geschmack *sada* (ohne Zucker), *chafiif* (mit wenig Zucker) oder *masbuut* (mittelsüß). Der Mokka schmeckt in Jordanien anders, weil das Kaffeepulver *(Bunn)* im Stieltopf *(Ibrik)* bis zu sieben Mal aufgekocht wird und weil der Kaffee einige Minuten ruht, ehe man ihn trinkt. So landet der Kaffeesatz nicht auf der Zunge. Oft wird der Mokka mit Kardamom *(Heel)* oder Zimt *(´Irfe)* aromatisiert.

2008 gegründete königliche Motorrad-club ein modernes Trainingszentrum für angehende Biker eröffnet. Der Club bietet Ausbildungskurse an und soll zumindest vorerst auch die Erteilung der Führerscheine regeln. Außerdem versteht sich der Club als Ansprechpartner und Infobörse für Touristen, die mit dem eigenen Motorbike nach Jordanien reisen wollen. Auf der Webseite findet man zudem Hinweise auf aktuelle Motorrad-Events im Land. *Royal Motorcycle Club | www.rmcj.jo*

NABATÄER

Die Nabatäer waren ein geheimnisvoller Beduinenstamm, dessen Herrschaftsgebiet sich auf dem Höhepunkt seiner Macht von Damaskus bis zum Sinai erstreckte. Sie ließen sich im 6. Jh. v. Chr. im Königreich Edom, dem heutigen Südjordanien, nieder und beherrschten über Jahrhunderte die Handelsrouten der alten arabischen Welt. Während der Herrschaft des römischen Kaisers Augustus sollen die Nabatäer in einem Jahr 10 000 Kamelladungen (oder 1,5 t) Weihrauch nach Rom transportiert haben. Die friedfertige, egalitäre Gesellschaft behauptete jahrhundertelang ihre Stellung zwischen den Großmächten der Region. Die Stadt Petra war einer der besonders kosmopolitischen Orte der damaligen Welt, hier mischten sich griechische, ägyptische und semitische Kunsteinflüsse. Petra genoss großes Ansehen wegen ihrer Architektur und des raffinierten Kanalsystems zur Wasserversorgung. 106 n. Chr. wurde das Territorium der Nabatäer dem römischen Reich einverleibt, Petra wurde zur Hauptstadt der römischen Provinz Arabica. Die Karawanenrouten verlagerten sich nach Palmyra (im heutigen Syrien), und der Niedergang der Nabatäer begann. Mehrere Erdbeben (365 und 746 n. Chr.) ließen die Menschen aus Petra fliehen. In Vergessenheit geraten, wurde die Felsenstadt erst 1812 vom Schweizer Jean Louis Burckhardt wiederentdeckt.

POLITIK

Der westliche Stil und die Reformversprechen König Abdallahs II. lassen leicht den Eindruck entstehen, Jordanien sei auf dem Weg der politischen Demokratisierung. Doch der König hat eine einzigartige Machtfülle – er ist de facto

PALÄSTINENSER

Die Gründung Israels 1948 brachte das Gleichgewicht des jungen jordanischen Staates völlig durcheinander. Etwa 350 000 Palästinenser flohen aus ihrer Heimat in das Nachbarland. Der Anteil der palästinensischstämmigen Bevölkerung Jordaniens wird heute auf knapp die Hälfte der knapp 7 Mio. Einwohner geschätzt. Offizielle Statistiken gibt es nicht, das Thema ist politisch brisant und wird gern totgeschwiegen.

Denn lange hatten israelische Politiker erklärt, die Palästinenser bräuchten keinen eigenen Staat, weil sie in Jordanien bereits eine Heimstatt hätten. In Jordanien sind die Palästinenser besser integriert als in den anderen arabischen Staaten: Sie besitzen die jordanische Staatsbürgerschaft und beherrschen das wirtschaftliche Leben des Landes. Hohe Armee- und Staatsposten werden ihnen jedoch nach wie vor verweigert.

der Herr von Exekutive und Legislative. Ungerechte Wahlkreiszuschnitte sorgen dafür, dass loyale Stammesvertreter das Parlament beherrschen. Die Mitglieder der zweiten Kammer, des Senats, wählt der König selbst aus. Er ist Oberbefehlshaber der Armee und ernennt die Richter. Die Medien sind größtenteils in staatlicher Hand. Pressefreiheit gibt es nicht.

bürgerschaft haben. Etwa 2 Prozent der Bevölkerung sind Christen. Dank ihrer Loyalität gegenüber der Monarchie und der religiösen Toleranz des Königshauses erfreuen sie sich einer herausgehobenen Stellung in Wirtschaft und Politik.

Anders als in anderen Ländern der Region hat es in Jordanien niemals jüdische Gemeinden gegeben. Die haschemiti-

Die meisten Jordanier sind sunnitische Muslime: Alltag in der Al-Hussein-Moschee in Amman

Parteien sind zwar seit 1992 zugelassen, werden aber streng vom Staat kontrolliert. Frauen spielen in der Politik kaum eine Rolle. Allerdings gibt es gesetzlich fixierte Frauenquoten im Parlament (5 Prozent) und in den Gemeinderäten (20 Prozent). 2007 wurde erstmals eine Frau ohne Quote zur Bürgermeisterin gewählt.

RELIGION

97 Prozent der jordanischen Bevölkerung sind sunnitische Muslime. Schiiten finden sich nur unter den Irakern, die jedoch keine jordanische Staats-

sche Königsfamilie führt ihren Stammbaum auf den Propheten Mohammed zurück, dem die heilige Schrift, der Koran, offenbart wurde. In den jordanischen Gesetzen spielt der Islam aber so gut wie keine Rolle. Eine Ausnahme bildet das Personen- und Familienstandsgesetz, das in Jordanien wie in allen arabischen Ländern religiös geprägt ist.

SHISHA UND COOL JAZZ

Wenn Omar Abdallat treuherzig „Ha shemi, Hashemi" trällert, wundert sich in Jordanien niemand – Loblieder auf den König und das Militär werden von einheimischen Künstlern erwartet. Wer Romantik möchte, gibt deshalb Schlagerstars aus arabischen Nachbarländern den Vorzug: Ilham Al-Madfai und Kazim As-Saher aus dem Irak, Abdallah Ruweished aus Kuwait, Amr Diab aus Ägypten oder Asala aus Syrien sind Favoriten. Ansonsten gibt es in Jordanien auch eine kleine „alternative" Musikszene, deren Vertreter sich an globalen Trends orientieren. In den angesagten Clubs von Amman raucht man Shisha und hört Cool Jazz: Der Fusiongitarrist Kamal Musallam, der mittlerweile in Dubai lebt, hat ein halbes Dutzend CDs veröffentlicht und arbeitet unter anderem mit Billy Cobham zusammen. Die Jazz-Coverband „Sign of Thyme" und die Rockgruppe „Jadal" treten regelmäßig in Clubs und bei Festivals auf. Die Sängerinnen Macadi Nahas und Shireen Abu Khader (Dozan-Ensemble) präsentieren traditionelle arabische Folkore in anspruchsvoller Form. Der Rockmusiker Yazan Rousan setzt mit seinen lakonisch vorgetragenen Balladen ganz eigene Akzente. Wenn Sie Musik mit nach Hause nehmen möchten: Arabische Original-CDs in guter Qualität finden Sie in Amman im Virgin Store (City Mall) oder im Books@Café, natürlich auch im Internet (Labels „OrangeRed" und „Inkognito").

WASSER

Jordanien gehört zu den zehn wasserärmsten Ländern der Welt. 90 Prozent des Landes sind Wüste. Zwar ist der tägliche Wasserverbrauch mit durchschnittlich 83 l pro Kopf einer der niedrigsten der Region – in Israel beispielsweise liegt er bei 275 l pro Kopf –, doch wegen des raschen Bevölkerungswachstums wird Jordanien im Jahr 2020 ein gigantisches Wasserdefizit haben. Schon heute werden die Wassertanks auf den Häusern nur einmal wöchentlich gefüllt. Im Sommer herrscht regelmäßig Wassermangel. Die Regierung investiert zwar seit Jahren in den Wassersektor: Staudämme werden gebaut, die Regenwasser auffangen, und das Wasser- und Abwassermanagement wird verbessert. Doch noch immer begünstigt die Preispolitik die Landwirtschaft, die einen Löwenanteil des Wassers verbraucht, aber nur 3,5 Prozent zum Bruttosozialprodukt beiträgt. Das Abpumpen nicht erneuerbarer Wasserreservoire führt zu Versalzung und anderen Umweltschäden.

WASTA

Wasta ist die nahöstliche Variante des „Vitamin B". Dabei werden meist Beziehungen zu Verwandten oder Bekannten genutzt, um eine Stellung im öffentlichen Dienst oder einen Studienplatz zu bekommen, ein Problem mit den Behörden zu regeln oder einen Geschäftsauftrag zu erhalten. Diese Praxis ist aus dem traditionell geprägten Wertesystem hervorgegangen: Die Loyalität gegenüber dem Stamm oder der Großfamilie ist größer als die gegenüber Staat und Nation. Dieses System verhindert jedoch sozialen Aufstieg: Oft entscheidet nicht die Leistung, sondern der Einfluss der Familie darüber, wer einen Arbeitsplatz bekommt. Das frustriert viele gut qualifizierte junge Leute, die so an den Golf oder in den Westen auswandern. Auch der Zugang zu wichtigen politischen Ämtern ist auf eine begrenzte Zahl von Familien beschränkt. Abdallah II. hat dieses Muster teilweise aufgebrochen und im Wirtschafts- und IT-Bereich junge Fachleute aufgrund ihrer Leistung an seine Seite geholt. Dennoch bildet *wasta* weiterhin ein Fundament der jordanischen Gesellschaft.

ESSEN & TRINKEN

Als politische Einheit gibt es die arabische Welt trotz aller Beschwörungen nicht. Aber gastronomisch haben die Länder der Region viele Gemeinsamkeiten.

So finden Sie in Jordanien die klassische levantinische Küche, die sich in Libanon und Syrien herausgebildet hat. Sie besteht zuallererst aus den berühmten kalten und warmen Vorspeisen, den *mezze*. Diese Auswahl von Salaten, Gemüsedips, Käse und Fleischstücken wird in der Mitte des Tisches in kleinen Schälchen serviert, aus denen sich jeder bedient. Das unterstreicht den sozialen Charakter des Essens, zu dem in Jordanien oft die gesamte Großfamilie zusammenkommt. Fladenbrot ist fester Bestandteil jeder Mahlzeit und wird wie ein Löffel

benutzt: Nehmen Sie mit einem Stück Brot etwas Speise auf, und führen Sie sie zum Mund. Oder Sie benutzen die langen, festen Salatblätter, *khass* genannt, zum Dippen. Zu Hause isst man oft gemeinsam aus Schüsseln. Doch ob bei einer privaten Einladung oder im Restaurant: Sie können selbstverständlich auch eine Portion auf Ihrem Teller platzieren. Besucher sind oft überrascht, wenn sie sehen, wie sich der Tisch unter den verschiedenen Vorspeisen biegt. Da die *mezze* nicht nur köstlich, sondern auch sättigend sind, können Sie sich zunächst nur Vorspeisen bestellen und erst dann entscheiden, ob Sie anschließend noch ein Hauptgericht ordern wollen. Diese Variante ist insbesondere für Vegetarier sinnvoll, denn das Hauptgericht

Bild: *mezze* – die traditionellen Vorspeisen

Kulinarische Verführungen – die berühmten *mezze* als Vorspeise und dann gegrilltes Fleisch als Inbegriff eines guten Essens

besteht in Jordanien meist aus gegrilltem Fleisch mit Beilagen. Frischen Fisch gibt es hauptsächlich in Aqaba; sonst wird er meist tiefgefroren aus Jemen oder Saudi-Arabien importiert.

In der arabischen Welt isst man gern und viel Fleisch, wenn man es sich finanziell leisten kann. Auch die Jordanier bilden hier keine Ausnahme. *Brosted*, ein knuspriges Brathähnchen, oder *Dalu*, ein Stück geschmortes Hammelfleisch, sind für die meisten der Inbegriff eines guten Essens. Doch die vielfältige

levantinische Küche bietet auch eine große Auswahl an leckeren fleischlosen Gerichten: *Hummus*, frittierte Falafelbällchen, kleine Teigtaschen mit Spinat, Käse oder *Zaatar*, gefüllte Weinblätter, Petersilien-Bulghur-Salat, knusprig gebratener *Halloumi*-Käse und gegrillte Gemüse – all diese Gaumenkitzler sind in durchschnittlichen jordanischen Restaurants ebenso Standard wie *Tahina* – eine würzige Sauce aus Sesambrei, Wasser und Zitrone – oder *Schanklisch* – ein Frischkäse aus getrocknetem Jo-

SPEZIALITÄTEN

SPEISEN

▶ **aurak einab** – Weinblätter, gefüllt mit Reis und/oder Hackfleisch und Gewürzen

▶ **baba ghanush** – Püree aus gegrillten Auberginen

▶ **baklawa** – mehrere Lagen Teigs, mit gehackten Nüssen und Honigsirup

▶ **falafel** – frittierte Gemüsebällchen in Fladenbrot mit Salat (Foto li.)

▶ **ferach meschwi** – gegrilltes halbes Huhn

▶ **ful** – große braune Bohnen mit Knoblauch, Öl und Zitronensaft

▶ **hummus** – Kichererbsenbrei mit Sesamöl und Zitronensaft

▶ **kibda** – kleine Stücke gegrillter Hühnerleber

▶ **knafeh** – Lieblingsnachtisch! Mozzarellaähnlicher, feiner Weißkäse mit sehr dünnen Fadennudeln überbacken und mit Zuckerwasser gesüsst. Bitten Sie um eine Portion ohne Zuckerwasser

▶ **kofta** – Hackfleischbällchen

▶ **kubba (kibbe)** – Frikadellen aus Burgul (gekochter, getrockneter Weizen) mit Pinienkernfüllung

▶ **kusa mahshi** – mit Reis gefüllte Zucchini

▶ **ma'amul** – trockenes Gebäck mit Nüssen oder Datteln

▶ **mohallabiya** – Milchpudding mit Rosen- oder Orangenblütenwasser

▶ **mutabbal** – Auberginenpüree mit Sesamöl und Joghurtcreme (Foto re.)

▶ **sambusak** – kleine Blätterteigpasteten, mit Hackfleisch, Käse oder Spinat gefüllt

▶ **shawarma** – Hammelfleischgyros, der arabische Döner

▶ **shish kebab** – Hackfleischspieße vom Grill

▶ **shish taouk** – gegrillte Hähnchenstücke auf einem Spieß

▶ **shorbat ´adas** – Pürierte gelbe Linsensuppe mit Kreuzkümmelaroma, serviert mit Croûtons und Zitrone

▶ **tabuleh** – Weizenschrotsalat mit Zwiebeln, Tomaten und viel Petersilie

GETRÄNKE

▶ **assir burtuqal** – frisch gepresster Orangensaft

▶ **assir lamun** – frischer Limonensaft

▶ **qahwa masbut** – türkischer Kaffee

▶ **shay** – Tee mit viel Zucker und auf Wunsch mit frischer Minze *(shay bil na'ana'a)*

ghurt, der mit verschiedenen Kräutern und Gewürzen gemischt wird.

Wenn sich die Gelegenheit ergibt, sollten Sie auf jeden Fall das jordanische Nationalgericht *mansaf* probieren. Dieses Beduinengericht finden Sie sonst in keinem anderen arabischen Land. Es ist wirklich unverwechselbar: ein Berg Reis, auf dem verteilt die verschiedenen Teile eines Hammels liegen. Getränkt ist der Reis mit einer Sauce aus Kameljoghurt. Dieser wird zunächst getrocknet und im Laden in Kugeln in der Größe eines Tennisballs verkauft. Er wird dann unter Zugabe von Wasser wieder flüssig gemacht und gibt dem Reis seinen besonderen, oft recht strengen Geschmack.

Als Getränke sind frische Säfte (Orange, Limone) und Mineralwasser zu empfehlen. Oder Sie greifen zu einem milden Trinkjoghurt, *laban.* In vielen Restaurants werden Sie allerdings nur eine Auswahl von Softdrinks wie Miranda, Fanta oder Cola finden. Nach dem Essen trinkt man Tee mit frischer Minze oder Kaffee. Alkohol ist in den meisten Hotels und europäischen Restaurants erhältlich. Aber es gibt auch westliche Restaurants, die keinen Alkohol ausschenken. Wenn Sie Wert auf ein Glas Wein zum Essen legen, sollten Sie immer gleich danach fragen, ob Alkohol ausgeschenkt wird. Während des Fastenmonats Ramadan ist dies nur in den großen Hotels der Fall. Das Bier Amstel wird in Lizenz in Jordanien hergestellt, es ist leicht und gut trinkbar. Daneben gibt es importiertes Dosenbier.

Lokale Weine kommen aus dem Gebiet um die christlich geprägte Stadt Madaba, wo der rote **INSIDER TIPP** Saint George zu empfehlen ist. Die Qualität der anderen Weine, einschließlich der aus Israel und Palästina eingeführten, ist mäßig. Wenn Sie einen libanesischen Wein aus den Weingütern Kefraya oder Ksara auf der Karte sehen, sollten Sie diesen wählen. Diese Weine sind hervorragend, aber – wie alle Importgüter in Jordanien – auch entsprechend teuer. Dafür gibt es allerlei leckere Süßspeisen in Jordanien: Honigsüß und kalorienreich kommen sie daher, die *knafe,* eine flache, heiße Mozzarella mit gerösteten Fadennudeln und Sirup, oder *busa arabiya,* köstliches Mastix-Vanilleeis im

Beliebtes Getränk in Jordanien: heißer, frisch zubereiteter Tee

Pistazienmantel. Mastix ist das aromatische Harz des Pistazienbaums. *Attaif* sind kleine, mit Nüssen oder einer Art Ricotta gefüllte Crêpes. Sie sind eine Spezialität des Fastenmonats Ramadan, aber in der Altstadt Ammans gibt es den Bäcker Abu Ali, der sie das ganze Jahr über herstellt.

EINKAUFEN

Auf dem Hinflug nach Jordanien sollten Sie im Koffer etwas Platz lassen. Kleidung, Schuhe, Heimtextilien und Souvenirs können Sie gut und günstig kaufen. Badesalz, Masken und Cremes mit Wirkstoffen aus dem Toten Meer sind sehr beliebte Mitbringsel. Amman und die Freihandelszone Aqaba sind Shoppingparadiese. Meiden Sie aber in Aqaba die Einkaufszentren, dort gibt es fast nur chinesische Massenware. In Amman finden Sie preisgünstige Alternativen zu den teuren Malls auf dem Jabal Hussein (Duwar Firas). Falls Sie in der Stimmung sind, zu handeln: Fangen Sie bei etwa einem Drittel des verlangten Preises an. In einigen Geschäften können Sie Ihren Einkauf auf einem Tax-free-Formular quittieren lassen. Ab einer Mindeststeuersumme von ca. 60 JD erhalten Sie dann bei der Ausreise am Flughafen die Mehrwertsteuer zurück.

GEWÜRZE & KRÄUTER

Köstliche Souvenirs zum Verspeisen, die es so nur in Jordanien gibt, sind z. B. frische Gewürze vom Markt, Dattelkekse *(mamul bi-tamr)* oder frisch geröstete, individuell zusammengestellte und reisefertig verpackte Nuss-Kern-Mischungen (in Amman u. a. im *Safeways* bzw. etwas teurer am Flughafen). Typisch jordanisch-palästinensisch ist auch die Thymian-Sesam-Sumak-Kräutermischung **INSIDER TIPP** *zaatar*. Mit gutem Olivenöl verrührt schmeckt sie herrlich zu Salaten, auf Pizza oder zu Schafskäse.

KUNSTHANDWERK DER NACHBARLÄNDER

Viele Souvenirs in Jordanien kommen aus den Nachbarländern. Aus Syrien stammen die **INSIDER TIPP** Holzkistchen mit Intarsien (ab 5 JD) und die handgravierten runden Messingtabletts *(tabaq)*, meist mit arabischen Schriftzügen oder Tier- und Blumenmotiven: Die kleinen eignen sich zum Servieren, die großen als Beistelltisch (in Amman-Weibdeh, am Paris-Platz und bei Al-Afghani). Ebenfalls aus Syrien kommen reich bestickte Tischdecken aus Baumwolle in vielen Farben und Größen. Aus Palästina (Hebron und Jerusalem) stammt der Großteil der in Jordanien angebotenen Schmuck-Gebrauchskeramik (ca. 4 JD für ein Snackschälchen, ca. 18 JD für eine Salatschüssel). Die hübschen Becher, Wandteller und Kuchenplatten in kräftigem Blau, Weiß, Rot, Rosa, Braun und Grün erin-

Bunte Sandflaschen, kulinarische Köstlichkeiten und arabische Kunst – Andenken aus Jordanien sind originell

nern mit ihren Blumen- und Tiermotiven nicht zufällig an Produkte aus Kytachia in der Türkei. Von dort brachten Einwanderer Ende des 19. Jhs. das Handwerk und die Designs nach Palästina.

MUSIK, LITERATUR, KUNST

Die größte Auswahl an arabischen CDs sowie Büchern gibt es in Amman in der City Mall und – etwas bescheidener – in der Mekka Mall. Auch das Books@Café ist recht gut sortiert. CDs und DVDs in der Innenstadt sind wesentlich billiger, aber fast durchweg Raubkopien. Falls Sie moderne arabische Kunst kaufen möchten, sind die Orfali Gallery in Umm Utheina und die Galerie Dar Al Anda (Nähe Darat Al-Funun, Jabal Weibdeh) gute Adressen.

SANDFLASCHEN & MOSAIKKUNST

Mangels einer mittelalterlichen Stadtkultur mit der entsprechenden Hand-werkstradition gibt es nur wenig authentisches Kunsthandwerk. Originell sind die farbig gefüllten Sandflaschen, meist mit Kamel- oder Oasenmotiven, auf Wunsch auch abstrakt gemustert. Ein Highlight ist Mosaikkunst aus Madaba. Nach antiken Tier- und Pflanzenmotiven werden von den Absolventen und Absolventinnen der Restauratorenschule z. B. Wandteller und Spiegelrahmen gearbeitet.

TEPPICHE

In dem Dorf Mukawir, ca. eine halbe Stunde von Madaba entfernt, werden die **INSIDER TIPP** einzigen echt jordanischen Teppiche gefertigt. Die Frauen vom Stamm der Bani Hamida weben an traditionellen Webstühlen Teppiche aus Schafwolle in kräftigem Rot, Türkis und Grün. Das Design der bis zu zwei mal drei Meter großen Objekte ist allerdings sehr klobig und weit entfernt von der schlichten Eleganz traditioneller Beduinentextilien.

DIE PERFEKTE ROUTE

VON DER METROPOLE IN DEN RAUEN OSTEN

Verschaffen Sie sich erst einmal einen Überblick über **1** *Amman* → S. 32 auf dem Zitadellenhügel. Nach einem Abstecher in das Archäologische Museum lernen Sie auf dem Weg zum Römischen Theater die Treppen schätzen. Fahren Sie dann quer durch die Stadt an der Sports City vorbei Richtung Osten zur N 30. Die folgende Wüstenfahrt endet im **2** *Feuchtlandreservat Azraq* → S. 51. In der Azraq Lodge können Sie übernachten und mit dem Leih-Bike zum Azraq-Schloss radeln.

DIE SCHÖNSTEN WÜSTENSCHLÖSSER

Am Morgen lockt eine geführte Biketour ins Naturschutzgebiet. Dann geht's über die N 40 zu den „Top Two" der Wüstenschlösser, dem **3** *Qasr Amra* → S. 53 mit erotischen Wandmalereien und dem majestätischen **4** *Qasr al-Kharana* → S. 54. Zurück in Amman können Sie das ruhige Viertel Jabal Weibdeh erkunden und den Tag mit einem alkoholfreien „Absacker" auf der Terrasse des Cafés Rakwat Arab ausklingen lassen.

DER LIEBLICHE NORDEN

Nach Norden führt die ausgebaute Straße über grüne Hügel und den Zarqa-Fluss. Vom König-Talal-Staudamm ist es nicht mehr weit zum Abzweig nach **5** *Jerash* → S. 47 (Foto li.). Nach der Besichtigung der spektakulären antiken Ruinenstadt können Sie im Lebanese House Umm Khalil speisen oder direkt ins nahe **6** *Ajloun* → S. 42 fahren und die imposante Kreuzfahrerburg erklimmen. Zur Übernachtung bietet sich die Ajloun Forest Lodge an, bevor Sie in die Universitätsstadt **7** *Irbid* → S. 45 fahren. Besuchen Sie hier das Archäologische Museum und das Stadtmuseum Saraya.

AUSSICHT AM DREILÄNDERECK

Im gut 30 Minuten entfernten **8** *Umm Qais* → S. 46, dem antiken Gadara, sollten Sie sich Zeit lassen für die Ruinenstadt und die Grabungsstellen. Im Rest House essen Sie mit Blick auf den Tiberiassee (See Genezareth) und das Dreiländereck Jordanien/Syrien/Israel.

ZUM TIEFSTEN PUNKT DER ERDE

Inmitten herrlicher Mandel- und Olivenbaumplantagen zockeln Sie ins Jordantal hinunter. Im Rest House von **9** *Pella* → S. 58 können Sie Ihren Nachmittagskaffee trinken. Die 2000 Jahre alten Ruinen

Erleben Sie die vielen Facetten Jordaniens von Nord nach Süd mit Abstechern in den rauen Osten und den grünen Norden

der antiken Stadt liegen an einem grünen Hang und bieten eine wunderbare Gelegenheit, sich die Beine zu vertreten. Dann geht es ans Tote Meer. Probieren Sie am **10** *Amman Beach* → S. 63 aus, wie es sich anfühlt, im Salzwasser zu schweben.

BLICK AUF DAS GELOBTE LAND

Vom Toten Meer ist der **11** *Berg Nebo* → S. 70 nicht weit. Sie sollten ca. eine Stunde vor Sonnenuntergang eintreffen, damit Sie noch die Basilika besichtigen und die überwältigende Landschaft genießen können. Auf der Landstraße erreichen Sie in etwa 20 Minuten **12** *Madaba* → S. 68, bestaunen Sie in der St.-Georgs-Kirche die alte Mosaikkarte Palästinas.

DURCH DIE WÜSTE AN DAS ROTE MEER

Auf der Königsstraße passieren Sie das **13** *Wadi Mujib* → S. 63, perfekt für Klettertouren und Canyoning. Wieder zurück gelangen Sie nach **14** *Karak* → S. 67 mit der berühmten Kreuzfahrerburg. Ruinen säumen den Weg, bis ein Abstecher zum Naturreservat **15** *Dana* → S. 64 (Foto re.) führt, das zum Wandern einlädt. Weiter nach Süden erreichen Sie bei Wadi Musa das berühmte

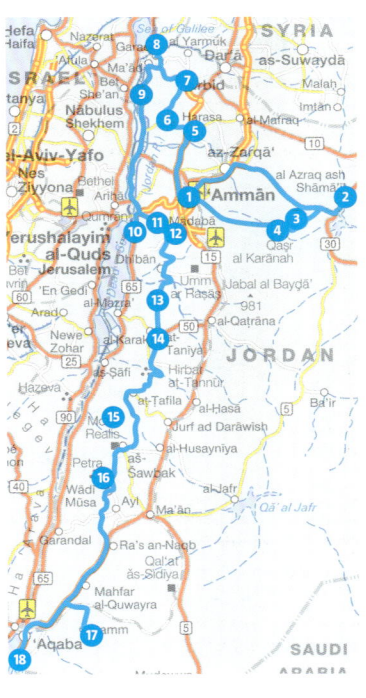

16 *Petra* → S. 71. Für die Erkundung der großartigen Stadt aus Sandstein müssen Sie sich Zeit nehmen. 788 Stufen führen hinauf zum Ed Deir mit atemberaubender Aussicht. Der Desert Highway leitet dann zum **17** *Wadi Rum* → S. 83. Sie können im Beduinencamp unter dem Sternenzelt übernachten oder weiter in den Südzipfel nach **18** *Aqaba* → S. 77 fahren. Tauchen Sie ab zu den bunten Korallenriffen im Roten Meer.

ca. 980 km. Reine Fahrzeit ca. 20 Stunden. Empfohlene Reisedauer: 14 Tage Detaillierter Routenverlauf auf dem hinteren Umschlag, im Reiseatlas sowie in der Faltkarte

AMMAN

⬡⬡⬡ **KARTE IM HINTEREN UMSCHLAG**
(116 C5) (⌖ D5) **Wer mit dem Flugzeug ankommt, startet in Amman für eine Rundfahrt durch Jordanien.**

Amman (2,5 Mio Ew.) ist eine der modernsten und saubersten Hauptstädte der Region. Die Häuser sind mit hellem oder rötlichem Kalkstein verklinkert, was der Stadt ein einheitliches Erscheinungsbild gibt. Insgesamt gibt es bislang immer noch relativ wenige Hochhäuser. Dafür breitet sich die Stadt, die ursprünglich auf sieben Hügeln angelegt wurde, in alle Richtungen aus und bedeckt mittlerweile etwa zwanzig Hügel *(Jabal)*.

Von der Zitadelle aus lässt sich die Entwicklung der Stadt gut erkennen: Eine der Hauptverkehrsadern ist die Zahran Street, die vom 1st Circle, einem Kreisverkehr, bis zum 8th Circle führt. Das historische Stadtzentrum mit Verwaltungsgebäuden und Banken liegt im Tal unterhalb des 1st Circle. Von hier aus hat sich die Stadt westlich bis Wadi as-Sir erweitert, das hinter dem 8th Circle liegt. Jede Wegbeschreibung orientiert sich an diesen Kreiseln.

Dass Amman zu den ältesten Städten der Welt gehört, ist auf den ersten Blick schwer zu glauben. Denn abgesehen von den antiken Bauwerken und einigen Spuren des islamischen Mittelalters stammen die ältesten Häuser aus den 1920er-Jahren. Damals wurde die kleine Siedlung Amman am gleichnamigen Fluss zur inoffiziellen Hauptstadt Transjordaniens. Doch erste Spuren mensch-

Metropole Amman zwischen Tradition und Moderne – eine der ältesten Städte der Welt lockt mit erstklassigen Restaurants und Cafés

licher Ansiedlungen gehen auf das 8. Jahrtausend v. Chr. zurück. Um 1200 v. Chr. war Rabbath-Ammon die Hauptstadt des Reichs der Ammoniter, woher auch der aktuelle Name abgeleitet ist. Bekannter wurde die Ansiedlung im 3. Jh. v. Chr. unter der Herrschaft Ptolemäus' II., als sie Philadelphia hieß.

In Amman gibt es sehr bedeutende und gut erhaltene archäologische Stätten. Doch die touristische sowie die allgemeine städtische Infrastruktur sind nach wie vor wenig entwickelt. Bis 2015 ist

WOHIN ZUERST?
Zitadellenberg *(Dschabal Al Qalaa)* **(U E6)** *(🗺 e6)*. Von hier haben Sie den besten Blick auf das Römische Theater und die Altstadt. Winken Sie eines der gelben Taxis heran – öffentliche Busse sind oft nur auf Arabisch bezeichnet. Den Mietwagen lassen Sie besser in der Hotelgarage, denn Parkhäuser sind schwer zu finden.

allerdings eine Generalüberholung der Altstadt geplant. Manche Probleme ließen sich mit relativ geringen Mittel lösen. Es fehlen etwa öffentliche Aufzüge, um in höhergelegene Viertel zu gelangen. So wimmelt es in den Straßen von Taxis, und die Abgase der vielen Autos ziehen zwischen den vielen Hügeln schlecht ab. Für Besucher sind die Taxis

ja) tragen. *Sa–Do 8–11 Uhr | Eintritt inklusive Museum 2 JD, Abaja 1 JD | Abdali*

AL-HUSSEIN-MOSCHEE (U E6) (*e6*)

Die erst in den 1920er-Jahren von Emir Abdallah errichtete Moschee mit ihren zwei eleganten Minaretten ist das Wahrzeichen der Altstadt. Die Moschee wird von den Jordaniern besonders verehrt,

Kolossale Größe: Säulen des Herkules-Tempels auf dem Zitadellenhügel

natürlich praktisch – Bus fahren ohne Arabischkenntnisse kann sehr abenteuerlich werden und ist nicht empfehlenswert, Taxis halten auf Handzeichen.
In der Balqa-Region rund um Amman gibt es viele attraktive Ausflugsziele: etwa Wadi Sir, Fuheis und die Königsstadt Salt (s. Kapitel Touren & Ausflüge).

SEHENSWERTES

ABDALLAH-MOSCHEE (U C4) (*c4*)
Die größte Moschee der Stadt wurde 1989 zu Ehren des ersten Herrschers des modernen Jordaniens gebaut. Frauen müssen im Inneren einen Umhang (*aba-*

weil hier schon der zweite Kalif Omar ibn al-Khatib (634–44) eine Moschee erbaute. Für Einzelreisende nur von außen zu besichtigen. *Al-Hashimi Street*

ARCHÄOLOGISCHES MUSEUM ★
(U E5) (*e5*)
In dem kleinen Museum am Ende des Zitadellengeländes sind Exponate aus 10 000 Jahren Geschichte zu sehen. Gleich am Eingang sind in einer Vitrine einige Statuen aus Ain Ghazzal ausgestellt, Beispiele der weltweit ältesten Großplastiken in Menschenform aus dem 8. Jahrtausend v. Chr. Die Statuen wurden zufällig beim Bau einer Auto-

bahn außerhalb Ammans gefunden; ihre Gesichter wirken ungemein lebendig. *Öffnungszeiten und Eintritt siehe Zitadelle*

INSIDER TIPP ▶ DARAT AL-FUNUN ☀
(U E5) (🗺 e5)

Das „kleine Haus der Künste" ist eine Oase in Amman. Der aus mehreren historischen Gebäuden bestehende Komplex bietet einen Ausstellungsraum, Künstlerateliers, eine vorwiegend englischsprachige Mediathek und einen schönen Garten. Im kleinen Café, das über eine Treppe zu erreichen ist, hat man einen wunderbaren Ausblick. Am Springbrunnen kann es passieren, dass ein Musiker spontan seine Laute hervorholt und spielt. *Sa–Do 10–19 Uhr | Eintritt frei | Jabal Weibdeh, Nimer bin Adwan Street | www.daratalfunun.org*

DUKE'S DIWAN ● (U E5) (🗺 e5)

Künstlertreff und offenes Haus für jeden in einem Gebäude von 1924. Kaffee umsonst. Hausherr Mamdouh Bisharat serviert *Knafe*, heißen Käse mit süßen Fadennudeln, wenn er zugegen ist. An den Wänden der sieben Räume viele Bilder und Fotografien von Amman aus der 1. Hälfte des 20. Jhs., Bücher, ab und an Ausstellungen. *April–Okt. Sa–Do 10–18, Nov.–März Sa–Do 10–17 Uhr | Eintritt frei | King Faysal Street 12*

JABAL AL-QALAA (ZITADELLE) ★ ☀
(U E5) (🗺 e5)

Vom Zitadellenhügel aus hat man einen schönen Überblick über die Altstadt mit dem Römischen Theater. Bei Sonnenuntergang ist Amman in weiches Licht gehüllt. Von hier oben können Sie auch gut einen Nationalsport der Jordanier beobachten, die Taubendressur: Hunderte von Tauben kreisen am frühen Abend über der Stadt, bevor sie in ihre Taubenschläge auf den Dächern zurückkehren.

Das Gelände besteht hauptsächlich aus Ruinenfeldern verschiedener Epochen. Links vom Eingang liegen die Reste des unter Marc Aurel erbauten Herkules-Tempels aus dem 2. Jh. Nur einige kolossale Säulen erinnern noch an die einstige Größe des Bauwerkes. Hinter dem kleinen Museum am Ende eines Ruinenfeldes liegt das beeindruckendste Gebäude, der mächtige Eingangsraum des Omayyaden-Palastes aus dem 7. Jh. Das restaurierte Bauwerk ist der einzige Teil des Palastes, der ein Erdbeben kurz nach der Fertigstellung 749 überstand. *Einlass April–Okt. tgl. 8–18, Nov.–März tgl. 8–16 Uhr | Besichtigung April–Okt. tgl. 8–19, Nov.–März Sa–Do 8–17, Fr 9–17 Uhr | Eintritt 2 JD (inkl. Archäologisches Museum) | Führung auf Deutsch 15 JD pro Stunde*

JORDAN MUSEUM (U D6) (🗺 d6)

Mehrere Tausend Quadratmeter Ausstellungsfläche, rund 2000 historische Fundstücke aus allen Teilen des Landes: Das

---

★ **Archäologisches Museum**
Die Ain-Ghazzal-Statuen aus dem 8. Jahrtausend v. Chr. bezaubern mit ihren lebendigen Gesichtern → S. 34

★ **Jabal al-Qalaa (Zitadelle)**
Omayyaden-Palast und römische Ruinen in luftiger Höhe → S. 35

★ **Nationalgalerie**
Modernes Gesicht der arabischen Kunst → S. 36

★ **Römisches Theater**
Hervorragend erhaltenes Beispiel römischer Architektur aus dem 2. Jh. → S. 36

MARCO POLO HIGHLIGHTS

Jordan Museum erzählt die Geschichte des jordanischen Staatsgebiets vom Paläolithikum bis zur Gegenwart. In Zusammenarbeit mit Partnerinstitutionen in aller Welt sind ambitionierte gegenwartsbezogene Ausstellungen geplant. Zu Redaktionsschluss stand die Eröffnung laut Auskunft der Museumsleitung kurz bevor. Englischsprachige Informationen zu Öffnungszeiten und Eintrittspreisen finden Sie auf *jordanmuseum.jo/en*. *Ras Al Ain | Tel. 06 4 62 93 17 und 06 4 61 16 47*

INSIDER TIPP ▶ KÖNIGLICHES AUTOMOBILMUSEUM (116 C5) (ঞ D5)

In der Ausstellungshalle wird die jüngere Geschichte Jordaniens anhand der Autos seiner Herrscher nachgezeichnet. Neben einigen Limousinen von Staatsgründer Abdallah I. sind vor allem die Staatskarossen und Sportwagen des „kleinen Königs" Hussein zu sehen, der mehr als 40 Jahre lang das Land regierte. Die historischen Fotos und kurzen Videofilme zeigen den Monarchen beim Besuch der Tscherkessengarde, beim Rennen im *Rumman Hill-Climb* und bei der Heimkehr aus den USA von seiner letzten Krebsbehandlung kurz vor seinem Tod 1999. König Abdallah II. ist als Kind auf nachgebauten Sportwagen im Kleinformat zu sehen. *Sa–Mo, Mi 10–19, Fr 10–19 Uhr | Eintritt 3 JD | King Hussein Park, Abfahrt von der King Abdallah II. Street (früher Medical City Street), die vom 8th Circle Richtung Irbid führt | www.royalautomobilemuseum.jo*

NATIONALGALERIE ★ (U C5) (ঞ c5)

Das Museum ist um einen Skulpturenpark mit Kinderspielplatz und japanischem Garten angelegt. Zu sehen sind moderne arabische Kunst und Werke westlicher Maler, die sich von der Region inspirieren ließen. *Sa–Mo, Mi 9–19, Fr 10–17 Uhr | Eintritt 5 JD | Jabal Weibdeh | www.nationalgallery.org*

NYMPHÄUM (U E6) (ঞ e6)

Westlich des römischen Theaters liegt der Prachtbrunnen, der Ende des 2. Jhs. errichtet wurde. Heute ist nur noch eine monumentale Steinmauer vorhanden, die in früheren Zeiten die Rückseite des Brunnens bildete. *Hinter der Al-Hussein-Moschee*

RÖMISCHES THEATER ★

(U F5) (ঞ f5)

Hervorragend erhaltenes und restauriertes Theater im Zentrum der Ammaner Altstadt, gebaut im 2. Jh. an den Berg Al-Taj. Es konnte 6000 Zuschauer aufnehmen. Seine gute Akustik können Sie im Sommer bei Konzerten erleben. *Sa–Do 8.30–19, Fr 10–16 Uhr | Eintritt 1 JD inklusive Folkloremuseum und Museum für Volkstradition | Al-Hashimi Street*

VILLENVIERTEL (U E6) (ঞ e6)

In diesem Stadtviertel aus den 1930er-Jahren können Sie durch die neuere Geschichte Jordaniens spazieren *(siehe Ausflug Nr. 2)*. Es liegt am Ende der Rainbow Street, die vom 1st Circle in östlicher Richtung abgeht. Hier hat die politische Elite des britischen Mandatsgebiets Transjordanien ihre Häuser gebaut, hier steht auch das Geburtshaus König Husseins. *Jabal Amman*

ESSEN & TRINKEN

AL-QUDS (JERUSALEM) RESTAURANT (U E5) (ঞ e5)

Einfache, traditionelle arabische Küche und hervorragende Süßspeisen, z. B. das ● Mastix-Eis im Pistazienmantel. Eine Institution in Amman für Einheimische und Touristen. *Tgl. | Altstadt, am Anfang der King Hussein Street | Tel. 06 4 63 01 68 | €*

INSIDER TIP ▶ **ASH-SHARQ**
(U E6) *(ₘ e6)*

Hier bringen Sie den Fisch selbst mit, und der Chef de Cuisine bereitet ihn nach Wunsch zu, etwa gebacken in *bagdunsiya,* einer Sauce mit Sesampaste und Petersilie. Zuvor gibt es auf der Terrasse leckere Vorspeisen und eiskaltes Fassbier. Von der Faisal Street aus gegenüber Hashim's Restaurant in der Wahmanat-Passage (linke Gasse); im Fischladen rechts den Fisch aussuchen, bezahlen, dann am Ende der Passage die Treppe links hinauf. *Tgl.* | *Tel. 06 4 63 01 68* | €€

INSIDER TIP ▶ **BOOKS@CAFÉ** ☺
(U E6) *(ₘ e6)*

Buchladen mit Internetplätzen, in dem Sie secondhand Reiselektüre in verschiedenen europäischen Sprachen kaufen können. Im ersten Stock befindet sich ein ☘ Caférestaurant mit großer Terrasse und weitem Ausblick. *Tgl.* | *Omar Bin al-Khattab Street 12 (geht von der Rainbow Street ab)* | *Tel. 06 4 65 04 57* | *www.booksatcafe.com* | €€

CAFÉ WILD JORDAN ☘ ☺
(U E6) *(ₘ e6)*

Restaurant mit tollem Blick auf Altstadt und Zitadelle, gesunder Kost und phantasievollen Fruchtcocktails – ohne Alkohol. Architekt Ammar Khammash hat einen der modernsten Bauten in eines der ältesten Viertel gesetzt. Die Büros der Königlichen Gesellschaft für Naturschutz (RSCN) und ein Laden mit Produkten der Gesellschaft haben hier ihren Sitz. *Mo–So* | *Osman bin Affan Street, geht von der Rainbow Street ab* | *Tel. 06 4 63 35 42* | *www.wildjordancafe-jo.com* | €€

FAKHR ED-DIN (U D5) *(ₘ d5)*

Bestes arabisches Restaurant in Amman (libanesische Küche). In einer elegant restaurierten Villa aus den 1950er-Jahren, mit Garten. *Tgl.* | *Taha Hussein Street* | *1st Circle, hinter der irakischen Botschaft* | *Tel. 06 4 65 23 99* | €€–€€€

JAFRA CAFÉ (U E5) *(ₘ e5)*

Bei Mokka und *Shisha* lockt der neueste Klatsch, es gibt Lesungen und andere

Kaffee, Bücher aus zweiter Hand, Internet – das books@café macht Reisende glücklich

Kulturevents. *Tgl. | Downtown, breiter Hauseingang gegenüber der Post, 1. Etage | Tel. 06 4 62 25 51 | €–€€*

JARA CAFÉ ☼
(U D6) (🗺 d6)
Café-Restaurant für (fast) jede Tageszeit mit weitläufiger Terrasse, gemütlichen Sitzgelegenheiten und toller Aussicht auf Jabal Weibdeh. Alkoholfreie Cocktails. Dem Schild schräg gegenüber vom British Council einige Stufen bergab folgen. *Tgl. | Rainbow Street | Tel. 079 5 07 80 33 | €€*

MUHTARAF AL RIMAL ☼
(U E5) (🗺 e5)
Der Maler Abdelaziz Abu Ghazaleh hat am Rand des Weibdeh-Viertels eine alte Schule schräg gegenüber vom Firas-Hotel (durchs gelbe Gartentor treppab) zu einem Atelier-Freiluftcafé umgebaut. Ideal für Kaffee, *Shisha* und Reisetagebuchschreiben – wenn nicht gerade ein Filmteam die historische Kulisse nutzt. *Tgl. | Nimr Al Adwan Street Tel. 06 4 62 41 40 | €*

REEM AL-BAWADY ● (116) (🗺 D5)
Riesige Säle mit traditionellem Dekor, in denen arabische Speisen an runden Tischen serviert werden. Wasserspiele, Zelte und Beduinensofas. Beliebt bei Touristengruppen, aber auch bei einheimischen Familien. *Tgl. | Tla'al-Ali-Viertel, Mohamed al-Fayad Street | Tel. 06 5 51 54 19 und Tel. 06 5 51 20 30 | €–€€*

EINKAUFEN

AL-BURGAN FOR HANDICRAFT
(U C5) (🗺 c5)
Bestickte Tischdecken, Stoffe, Leinenwaren und teilweise alte Möbel gibt es in diesem Familienbetrieb, der hinter dem Hotel Intercontinental liegt. *12 Tala't Harb Street, 2nd Circle, Jabal Amman | www.alburgan.com*

ALTSTADT (U E–F5–6) (🗺 e–f5–6)
Außer einem kleinen Goldmarkt gibt es hier die üblichen Mitbringsel wie Wasserpfeifen, Musikinstrumente und Ledertaschen.

BALIAN CERAMICS
(U E6) (🗺 e6)
Die armenische Familie Balian brachte 1920 osmanische Keramikkunst nach Jerusalem. In der Filiale in Amman

LAWRENCE VON ARABIEN

Der Abenteurer Thomas Edward Lawrence (1888–1935), bekannt als Lawrence von Arabien, ist heute in Jordanien fast vergessen. Das mag daran liegen, dass er in seiner Autobiografie „Die sieben Säulen der Weisheit" die haschemitische Dynastie wenig schmeichelhaft beschreibt. Doch im Westen lebt die Legende weiter. Der in Oxford geborene Orientalist, Soldat, Archäologe und Schriftsteller war als britischer Verbindungsoffizier zur Armee Faisals, des späteren Königs von Irak, gestoßen, dessen Vater Sherif Hussein im Ersten Weltkrieg die Revolte gegen die Türken ausgerufen hatte. Lawrence trug dazu bei, dass die arabischen Stämme kooperierten und einen Guerillakrieg führten. Der erste große Sieg war die Einnahme von Aqaba 1917. Doch die Araber fühlten sich verraten, weil sie von den Briten nicht das versprochene Großreich erhielten.

kann man z. B. Türschilder und Trink-
becher kaufen und beschriften lassen.
*Rainbow Street 8, Jabal Amman | www.
armenianceramics.com*

JORDAN RIVER FOUNDATION ☺
(U E6) (📖 e6)

Gewebte Teppiche, bestickte Tischdecken, Kunsthandwerk und Kosmetika

INSIDER TIPP ▶ ZALATIMO BROTHERS
(U D4) (📖 d4)

Familie Zalatimo macht in zwei Filialen
die besten Kekse der Stadt. In dekora-
tiven Metalldosen sind die Gaumen-
freuden reisegerecht verpackt. *Abdali,
Jawharat Al-Quds Building | Shmeisani,
Abdel Hamid Sharaf Street | www.zala
timo.com*

Wenn draußen die Sonne glüht: Wie wärs mit Shoppen in der klimatisierten City Mall?

finden Sie in den Verkaufsräumen der
Stiftung, die überall im Land Werkstät-
ten unterhält. *Vom 1st Circle kommend
links ab von der Rainbow Street | www.
jordanriver.jo*

SHOPPING MALLS

Die modernen, klimatisierten Einkaufszentren bieten internationale Designer-
marken und Textilketten. Das größte An-
gebot internationaler Markengeschäfte
bietet die *City Mall (gegenüber dem
King Hussein Park, unweit vom 8th circle)* (116 C5) (📖 D5). Fast genauso gut
sortiert und zentraler gelegen ist die
Ende 2011 eröffnete *Taj Mall (Abdoun)*
(U A6) (📖 a6). *www.citymall.jo*

FREIZEIT & SPORT

JOGGING (U C2) (📖 c2)

Wer nicht auf Asphalt laufen möchte,
kann auf den unter Pinienbäumen an-
gelegten INSIDER TIPP ▶ *Joggingpfad in
der Sports City* (gegenüber der Basket-
ballhalle) ausweichen. Biegen Sie an der
Ecke des Royal Cultural Center von der Al-
Malakah Alia Street rechts ab, machen
Sie nach 300 m eine Kehrtwende, und
nehmen Sie den Eingang auf der rechten
Seite. *Harun al-Rashid Street | Eintritt frei*

TÜRKISCHES BAD (U E6) (📖 e6)

Hier finden Sie Erholung pur nach einem
Stadtrundgang: Das traditionelle türki-

sche Bad *Al-Pasha* verfügt über Dampf-
bad und Sauna. Lassen Sie sich mit Luffa-
Schwamm schrubben, stecken Sie Ihre
Beine in ein kaltes Wasserbecken, und
trinken Sie Hibiskussaft. Auch Massagen
sind möglich. Anmeldung und Badeanzug
nötig. Zeiten für Frauen, Männer und ge-
mischte Gruppen. *Mahmud Taha Street,
zweigt von der Rainbow Street ab | Tel. 06
4 63 30 02 | Eintritt 25 JD*

KINO

Kinos zeigen meist Hollywood-Pro-
duktionen und ägyptische Komödien
(Englisch bzw. Arabisch mit Untertiteln).
Aktuelle Programme unter *www.jordan
cinemas.com. Galleria am Abdoun Circle*
(U A6) (⋔ a6) | *Centurys im Zara-Center
hinter dem Hyatt Hotel am 3rd Circle*
(U C5) (⋔ c5) | *Grand Theatres* in der
Mecca Mall | Mecca Street (116 C5) (⋔ D5)

Orientalische Gassen und Basar? Fehlanzeige in der modernen Hauptstadt Amman

AM ABEND

ABDOUN CIRCLE (U A6) (⋔ a6)
An diesem Kreisel im Villenviertel Abdoun vergnügt sich am Abend die Jugend der Oberschicht. Im *Tche-Tche* gibt
es Wasserpfeifen in allen Geschmacks-
richtungen. Im düsteren *Irish Pub*
können Sie zwischen vielen Biersorten
wählen. Das *Planet Hollywood Cafe*
vermittelt ein amerikanisches Feeling.
Sehr schön ist das am Hang gelegene
Blue Fig Cafe auf dem Hügel hinter dem
Abdoun Circle, wo es auch regelmäßig
Livekonzerte gibt. Im *Flow* nahe der Taj
Mall legen donnerstags und freitags in-
ternationle DJs auf.

THEATER UND KONZERTE
Informationen unter *www.jordantimes.
com.* In den ausländischen Kultur-
instituten oder in privaten Zentren wie
dem *Al Balad Theatre (Jabal Amman)*
(U E5) (⋔ e5) und 🔅 *Makan (Weibdeh)* (U E5) (⋔ e5), außerdem im *Royal Cultural Center (Shmeisani, Al-Malika
Alia Street | Tel. 06 5 66 10 26) | www.
rcc.gov.jo* (U B2–3) (⋔ b2–3) und im
Al Hussein Cultural Center (Ras Al Ain)
(U D6) (⋔ d6).

INSIDER TIPP ▶ VINAIGRETTE 🔅
(U B3) (⋔ b3)
Restaurant und Club. Super Sushi, tolle
Aussicht auf die City. *Shmeisani, Sei-*

teneingang des Al-Qasr Metropole Hotels | Reservierung nötig | Tel. 06 56 20 52 83 21 | €–€€

Böden, WiFi gratis, per Internet buchbar. 17 Zi. | 06 4 61 41 61 | Hashemiya Street 48 | www.jordantoweramman.com | €–€€

ÜBERNACHTEN

INSIDER TIPP ▶ CANARY HOTEL
(U D5) (🛱 d5)
Ruhiges, einfaches, familiäres Hotel in Weibdeh. Kinderfreundliche Terrasse. Einzel- bis Fünfbettzimmer mit Bad, Telefon, TV, Ventilator, Kachelfußböden. Internet im Gemeinschaftsraum. Günstig an der Servicetaxilinie Altstadt–Weibdeh-Park gelegen (Rückseite des Terra-Santa-Colleges). 20 Zi. | Karmaly Street | Tel. 06 4 63 83 62 | canary_h@hotmail.com | €

FARAH HOTEL (U E5) (🛱 e5)
Für Rucksackreisende: Ventilator im Zimmer, Gemeinschaftsbad, Beduinenzelt, freundliche Atmosphäre. 24 Zi. | Cinema Al-Hussein Street | Tel. 06 4 65 14 43 und 4 65 14 38 | www.farah hotel.com.jo | €

HISHAM HOTEL (U B5) (🛱 b5)
Die Zimmer müssten eigentlich renoviert werden, aber die familiäre Atmosphäre, Gartenterrasse und zentrale Lage ziehen die Stammgäste an. 25 Zi. | Mithqal al-Fayez Street, 3rd Circle | Tel. 06 4 64 63 27 | www.hishamhotel.com.jo | €€

INTERCONTINENTAL (U C5) (🛱 c5)
Klassiker unter den Fünfsternehotels. Treffpunkt von Politikern, Diplomaten und Journalisten. Hervorragender Service. 478 Zi. | Zahran Street, zwischen 2nd und 3rd Circle | Tel. 06 4 64 13 61 | www.amman.intercontinen tal.com | €€€

JORDAN TOWER HOTEL (U F5) (🛱 f5)
Freundlich geführtes, preisgünstiges Hotel direkt am Römischen Theater, gefliese

AUSKUNFT

JORDAN TOURISM BOARD
(U A5) (🛱 a5)
Tunis Street, zwischen 4th und 5th Circle | Call Center Tel. 06 5 00 80 81 | www. visitjordan.com

LOW BUDGET

▶ Das Gästehaus der Theodor-Schneller-Schule ☺, 10 km nordöstlich von Amman (neben dem Marka-Camp) bietet eine tolle Übernachtungsalternative. Kinder können in den Grünanlagen, auf dem Spielplatz und im Seilgarten spielen. Den Gewinn verwendet die Schule für die Ausbildung von Jungen aus benachteiligten Familien. (Frühzeitige) Reservierung notwendig. 20 Zi. | Tel. 05 3 61 61 03 | www.ems-online.org

▶ Touristen stöbern gern auf Ammans größtem Secondhandmarkt. Neben Kleidung kann man günstig essbare Souvenirs erstehen, z. B. Gewürze, Kräuter oder feine Weizengrütze. Abdali-Platz (U C–D4) (🛱 c-d4)

▶ Die ● Royal Film Commission residiert in einer Gründerzeitvilla auf dem Jabal Amman. Geboten wird u. a. ein internationales Filmprogramm, abends auch Freiluftkino. Mango Street 5 | Tel. 06 4 64 22 66 | Eintritt frei | www.film.jo (U E6) (🛱 e6)

DER NORDEN

Am grünsten ist Jordanien im bergigen Norden. Rund um Ajloun, Irbid und Umm Qais fallen bis zu 600 mm Niederschlag pro Jahr, und im Winter kann es in der mediterran anmutenden Landschaft sogar schneien.

Im Frühling wandern Sie auf den Hügeln durch ein Meer bunter Wiesenblumen. Oliven- und Mandelbäume, sogar einige Wälder aus Eichen und Föhren spenden wohltuenden Schatten. Schon in der Antike war diese wasserreiche Gegend heiß begehrt – davon zeugen die zahlreichen Überreste bedeutender römischer Städte, allen voran Gerasa (Jerash) und Gadara (Umm Qais). An die Auseinandersetzungen mit den Kreuzfahrern im Mittelalter erinnert die mächtige Festung von Ajloun.

AJLOUN

(116 B3) (*M C4*) 25 km nordwestlich von Jerash liegt Ajloun (20 000 Ew.), in dessen Zentrum eine alte Moschee mit elegantem Minarett zu sehen ist.
Berühmt ist Ajloun jedoch für seine Burg, die außerhalb der Stadt auf einem Berggipfel liegt.

SEHENSWERTES

QALA'AT AR-RABAD ★
Schon von Weitem ist die mächtige Festung Qala'at ar-Rabad über dem Städtchen Ajloun zu sehen. Die von einem General und Neffen des arabischen Feldherrn Salah ed-Din 1184/85 erbaute

---

Bild: Festung Qala'at ar-Rabad bei Ajloun

Burg ist eines der schönsten Beispiele der islamischen Militärarchitektur im Mittleren Osten. Trotz ihrer fast uneinnehmbaren Lage stürmten die Mongolen die Burg 1260 und plünderten sie. Die Mamelucken banden die Festung in eine Kette von Burgen und Posten ein, die es ermöglichte, innerhalb von zwölf Stunden per Lichtzeichen oder Brieftaube Nachrichten von Kairo bis nach Damaskus oder nach Bagdad zu senden. *So–Do 8–18, Fr 8–17 Uhr | Eintritt 1 JD | Besucherzentrum Tel. 02 6 42 0115*

ESSEN & TRINKEN

AL-JABAL RESTAURANT ☆

Von der großzügigen, sonnengeschützten Terrasse genießen Sie einen phantastischen Blick auf die Burg und die sanften Hügel der Umgebung. Vor allem nachmittags ist das Farbenspiel aus sandfarbenen Felsen, grünen Aleppokiefern und stahlblauem Himmel berückend. Innen haben die freundlichen Besitzer das Restaurant mit Holzmöbeln und warmen Farben sehr gemütlich eingerichtet – das

Irbid ist Universitätsstadt und das Verwaltungszentrum des Nordens

Restaurant ist sowohl bei großer Hitze als auch bei kühlem Winterwetter eine gute Adresse. Einfaches, leckeres arabisches Essen und internationale Küche. *Tgl. | Ajloun-Jordan Al Qala'a Street | Tel. 02 6 42 20 22 oder 02 6 42 09 91 | www. jabal-hotel.com | €€*

ÜBERNACHTEN

INSIDER TIPP ▶ AJLOUN FOREST LODGE ☺

Die originellste Übernachtungsmöglichkeit ist die Forest Lodge der Königlichen Gesellschaft für Naturschutz. Unter Eichen und Aleppokiefern übernachten Sie in rustikalen Pfahlbauten mit Zeltdach oder komfortablen Holzbungalows. Reichhaltiges jordanisches Frühstück mit lokalen Produkten. Bei Wandertouren besuchen Sie arabische Kalligrafen, Keksbäcker und Seifenhersteller und können teilweise bei der Produktion zuschauen. Selbst ausprobieren und mithelfen ist manchmal möglich. 5 km hinter Ajloun

auf dem Weg nach Irbid geht es links ab, das Naturschutzgebiet *Ajloun Nature Reserve* ist ausgeschildert. *10 Hütten mit bis zu 3 Betten (April–Okt.), 5 Chalets mit maximal drei Betten (ganzjährig) | Tel. 02 6 47 56 73 oder über die RSCN in Amman, Tel. 06 4 61 65 23 | www.rscn.org.jo (Wild Jordan/Ajloun Forest Reserve) | €€*

INSIDER TIPP ▶ GÄSTEZIMMER UND CAMPINGPLATZ IN AL AYOUN

Über die asphaltierte Landstraße erreichen Sie die landschaftlich wunderschön gelegene Gemeinde Al Ayoun (ca. 17 km nördlich) mit schönen Wanderwegen, Höhlen und Kletterstellen (Informationen im 2011 erschienenen Wanderführer „Al Ayoun Jordan" von Tony Howard und Di Taylor). Die Bewohner von Al Ayoun, Rasoun und Orjan bieten Gästezimmer mit Frühstück und/oder Vollpension sowie Unterbringung in Zelten. Die Unterkünfte sind einfach, aber vergleichsweise günstig. *8 Zi. (nicht alle im gleichen*

Ort), 4 Zelte im Rasoun Camp, jeweils für 2–4 Personen | Reservierung Tel. 077 2 21 96 04 | www.rasouncamp.com | €€

AL-JABAL CASTLE �

Einfaches Hotel mit Bädern in den Zimmern. Von den Balkons hat man teilweise einen Blick auf die Burg. *20 Zi. | Al-Qalaa Street | Tel. 02 6 42 02 02, Tel. 02 6 42 09 91 | www.jabal-hotel.com | €€*

IRBID

(116 C2) (*Ø D3*) **Die Stadt mit ihren 500 000 Einwohnern ist das Verwaltungszentrum des Nordens.**
In der Nähe der Yarmouk-Universität gibt es viele Cafés und Imbisse, die bis Mitternacht belebt sind.

SEHENSWERTES

MUSEUM FÜR ARCHÄOLOGIE UND ANTHROPOLOGIE ●

Das Museum, mit deutscher Unterstützung gestaltet, gilt als bestes seiner Art in Jordanien. Highlight sind die 9000 Jahre alten Statuen aus Ain Ghazal, eine der ältesten Siedlungen der Menschheit. Von Amman aus kommend biegen Sie am Kreisverkehr beim Sportstadion links ab, dann nach 500 m nach rechts um das Stadion herum. Noch einmal 500 m weiter links treffen Sie auf ein Schild. Die Mitarbeiter am Tor helfen weiter. *So–Do 10–13.45 und 15–16.30 Uhr | Eintritt frei | Institute of Anthropology & Archaeology, Yarmouk University | www.yu.edu.jo*

BEIT ARAR ●

Historisches Wohnhaus im Damaszener Stil gegenüber der Irbid Municipality/Baladiya: Die Räume sind um einen mit Naturstein gepflasterten Innenhof gruppiert. Fotos und Dokumente informieren über Arar alias Mustafa Wahbi At-Tall, Jordaniens bedeutendsten Dichter des 20. Jahrhunderts. *Tgl. 8–15 Uhr | Eintritt frei | Tel. 079 9 05 54 62 (Direktor Samir Ibrahim)*

INSIDER TIPP ▶ DAR SARAYA

In dem pittoresken Gebäude aus dem 19. Jh. gegenüber der Municipality/Baladiya residierten einst die Gouverneure der Osmanen. Später war hier ein Gefängnis untergebracht. Seit 1994 beherbergt der Palast eine Dauerausstellung über die Geschichte Irbids. Das Haus ist sehr gepflegt, die Ausstellung sorgfältig auch auf Englisch dokumentiert. Nicht verpassen: Den Raum mit Mosaiken aus römischer Zeit. Der Innenhof wird für Kulturveranstaltungen genutzt. *April–Okt. tgl. 8–18, Nov.–März tgl. 9–17 Uhr | Eintritt frei*

ESSEN UND TRINKEN

AL-HARAM CAFÉ

Beliebter Treffpunkt für Studenten und junge Reisende – mit einem Glasdach in Pyramidenform. *Tgl. | University Street | €*

MARCO POLO HIGHLIGHTS

★ **Qala'at ar-Rabad**
Die Burg von Ajloun – hier boten die Araber den Kreuzrittern Paroli → S. 42

★ **Umm Qais (Gadara)**
Über die Reste der einst mächtigen antiken Stadt hinweg haben Sie einen phantastischen Blick bis nach Israel und Syrien → S. 46

★ **Jerash**
Eine der besterhaltenen römischen Städte der Welt, die Wirtschaftszentrum der Provincia Arabica war → S. 47

LUKME HANIYYE (DELICIOUS BITE) 😊

Essen beim Frauenprojekt des *Microfund for Women*: Neben jordanischen Klassikern wie *Maqlube* (Reis mit gebratenem Blumenkohl oder Aubergine) und *Maftul* gibt es hausgemachte Vorspeisen und Desserts. Auch zum Mitnehmen. Biegen Sie von Amman an der vierten Ampel

Umm Qais: Die Ruinen der antiken Stadt Gadara liegen auf einer Anhöhe

ab, dann rechts halten. *Tgl. | Tel. 079 9 67 16 11 und 077 5 48 79 59 | Rateb Al Batayna Street, gegenüber Plateen-Apotheke | €€*

MANGO RESTAURANT UND CAFÉ

Sauber, hübsch eingerichtet, leckeres Essen und auch noch preisgünstig. Hier bekommen Sie Sandwiches, überbackene Schnitzel mit Pommes und Salat, Obstsäfte und Cappuccino. Gleich nebenan bäckt der Mango-Konditor hitverdächtige Aniskipferl und Ingwerkekse

nach deutschen Rezepten. Beliebt bei Studenten, auch für Gruppen geeignet. *Tgl. | Tel. 02 7 27 25 28 | University Street (Shafeeq Irsheidat Street) | €*

NEWS CAFE

Schöne Location für einen Espresso oder ein abendliches Beisammensein: Milchshakes, Pizza, Shisha und jede Menge junge Leute. *Tgl. | Am Al-Joude Hotel | €*

ÜBERNACHTEN

HOTEL AFAMIA

Kleines ruhiges Mittelklassehotel, etwas außerhalb des Zentrums. Helle, saubere Zimmer mit gefliesten Böden und Klimaanlage, TV und Minibar. Der Rezeptionist Muhammad hilft, wenn man Probleme hat, das Hotel zu finden. *20 Zi. | King Abdallah Street, gegenüber Elektrizitätsunternehmen | Tel. 02 7 10 18 66 | www. aphamiahotel.com | €–€€*

AL-JOUDE HOTEL

Nahe der Moschee im Universitätsviertel. *15 Zi. | Tel. 02 7 27 55 15 | joude@go.com. jo | €€*

ZIEL IN DER UMGEBUNG

UMM QAIS (GADARA) ⭐
(116 B2) *(ₘ C3)*

Auf einen Ausflug in das 30 km entfernte Dreiländereck im äußersten Nordwesten Jordaniens sollten Sie nicht verzichten. Von der Anhöhe, auf der die Ruinen der Stadt Umm Qais stehen, haben Sie eine phantastische Aussicht: auf die Golanhöhen in Syrien, über den See Genezareth nach Israel und in das Jordantal. Am Fuß einer osmanischen Siedlung liegen die Ruinen der antiken Stadt Gadara. Wahrscheinlich um 300 v. Chr. von den Griechen gegründet, war sie später eine der wichtigsten Städte der Dekapolis:

Die Handelswege nach Norden führten hier vorbei. Die Größe des Ruinengeländes vermittelt einen Eindruck davon, wie mächtig Gadara einst gewesen sein muss. Achten Sie auf das beeindruckende *Theater* aus schwarzem Basaltstein, das einst 3000 Menschen fasste. Ein weiteres erstaunliches Bauwerk befindet sich unter der Erde: Vor einigen Jahren haben Archäologen hier die längste unterirdische Wasserleitung der Antike entdeckt.

Lassen Sie sich unbedingt im Restaurant **INSIDERTIPP** *Resthouse* (tgl. | Tel. 02 7 50 05 55 | www.romero-jordan.com | €€) in der Ruinenanlage (tgl. 8–18 Uhr | Eintritt 4 JD | Museum Mi–Mo 8–17 Uhr | Eintritt frei | Touristenpolizei Tel. 02 7 50 01 34) nieder – der Blick von der Terrasse auf die Golanhöhen und den See Genezareth ist einmalig. Gute arabische Küche.

JERASH

(116 C3) (*D4*) ⭐ **Die Ruinen von Jerash, dem antiken Gerasa, gelten als die weltweit besterhaltene römische Siedlung. Nach Petra sind sie die zweitwichtigste Touristenattraktion in Jordanien.**

Die Ruinen liegen etwa 50 km nördlich von Amman und können gut bei einem Tagesausflug von der Hauptstadt aus besucht werden. Die aus rosa-orangefarbenem Kalkstein erbaute Stadt lag an einer der wichtigsten Handelsrouten der Antike. Umstritten ist, ob Gerasa von Alexander dem Großen oder einem seiner Feldherren gegründet wurde. Ihre Blütezeit erlebte die hellenistische Stadt jedoch unter römischer Herrschaft im 2. und 3. Jh., als sie zum Städtebund der Dekapolis gehörte.

Der Besuch von Kaiser Hadrian 129 n. Chr. führte zu einem großen Bauboom, die Stadt wurde zum Wirtschaftszentrum der Provincia Arabica. Sie lag an der neuen Via Romana, einem gepflasterten Weg, der Aqaba mit Damaskus verband. Zu seinen Glanzzeiten lebten 20 000 Menschen in Gerasa. Unter byzantinischer Herrschaft begann der Verfall, und im 9. Jh. wurde die Stadt von den letzten Einwohnern verlassen. Doch in jedem Sommer wird sie zu neuem Leben erweckt: In den beiden Theatern werden Opern gespielt und Konzerte gegeben.

SEHENSWERTES

Die Sehenswürdigkeiten werden in der Reihenfolge des üblichen Rundgangs vorgestellt *(sofern nicht anders angegeben: April–Sept. tgl. 8–18, Okt.–März tgl. 8–16.30 Uhr | Besucherzentrum am Südtor | Tel. 02 6 35 12 72 | Eintritt 10 JD).*

LOW BUDGET

▶ Speisen wie in der Toskana: Das *Lebanese House Umm Khalil* in Jerash **(116 C3)** (*D4*) bietet inmitten einer wunderschönen mediterranen Landschaft hervorragende levantinische Küche zu sehr günstigen Preisen. Highlight: die große Außenterrasse. *Jerash-Dibbeen, an der Ausfallstraße nach Ajloun | Tel. 02 6 35 13 01 | www.lebanese-house.com*

▶ Souvenirs zum Verspeisen: Auf der viel befahrenen Route von Jerash **(116 C3)** (*D4*) nach Norden verkaufen Bauern am Straßenrand meist exzellente getrocknete Früchte und Gemüse zu günstigen Preisen *(3–6 JD pro Kilo)*. Getrocknete Tomaten und Feigen sind ein prima Mitbringsel für Freunde und Verwandte.

TRIUMPHBOGEN

Vom Parkplatz aus stehen Sie zunächst vor dem Triumphbogen, erbaut 129 n. Chr. für Kaiser Hadrian. Das Bauwerk befand sich außerhalb der 3,5 km langen Stadtmauer. Von hier gehen Sie am Hippodrom entlang Richtung Südtor.

SÜDTOR

Am Südtor befinden sich das Besucherzentrum, ein Restaurant sowie der offizielle Eingang. Das Tor aus dem 2. Jh. weist am Fuße seiner Säulen feine Steinmetzarbeiten in Blätterform auf. Gleich links hinter dem Eingang steht eine Olivenpresse aus dem 3. Jh.

OVALES FORUM

Hinter dem Südtor liegt das Ovale Forum, dessen ungewöhnliche Form den Archäologen Rätsel aufgegeben hat. Vermutlich wollte man den Zeus-Tempel mit dem römischen Nordtheater am anderen Ende der Stadt durch eine Nord-Süd-Achse verbinden. Der Zeus-Tempel wurde auf einem Hügel erbaut, der bereits seit Jahrhunderten zur Götterverehrung genutzt wurde. Der Platz wurde wahrscheinlich für religiöse und zeremonielle Handlungen angelegt.

MUSEUM

Hier werden viele interessante Fundstücke ausgestellt: Schmuck, Geldstücke und Theaterkarten aus gebranntem Ton. *April–Okt. tgl. 8.30–19, Nov.–März tgl. 8.30–16, Feiertage 10–15 Uhr | Eintritt frei*

ZEUS-TEMPEL ☆

Links auf einem Hügel liegt der Zeus-Tempel, zu dem früher eine große Treppe hinaufführte. Er wurde im 2. Jh. auf den Ruinen eines griechischen Tempels erbaut und ist heute relativ stark zerstört.

SÜDTHEATER

Das gut restaurierte Theater mit 32 Sitzreihen konnte etwa 5000 Zuschauer aufnehmen. In den ersten Reihen sind teils die Namen von Spendern eingraviert. Am besten können Sie das Theater bewundern, wenn Sie die Stufen

Prächtig geschmückte Architektur: das Südtheater von Gerasa

hinaufsteigen. Von hier haben Sie einen ❋ INSIDER TIPP ▶ **weiten Blick auf die antike Stadt und Jerash**. Bühne und Eingänge sind im korinthischen Stil geschmückt.

CARDO MAXIMUS

Vom Ovalen Forum geht die Hauptachse der Stadt ab, eine 800 m lange Allee, die von 200 zumeist korinthischen Säulen gesäumt wird. Die original erhaltene Pflasterung ist uneben, weil darunter das Abwassersystem verläuft. Wo ein Stein fehlt, können Sie einen Blick auf die Kanalisation werfen. Die von den Holzrädern der römischen Karren im Stein hinterlassenen Furchen sind deutlich zu erkennen. Entlang dieser Prachtstraße liegen die wichtigsten Bauwerke der Stadt. Vor der ersten Kreuzung liegt eine runde *Agora,* ein Marktplatz. Dahinter folgen die sakralen Bauten.

KATHEDRALE

An der Stelle eines Dionysus-Tempels wurde im 4. Jh. eine Kathedrale errichtet; hier wirkte der Bischof von Gerasa. Achten Sie auf den Schrein mit der Jungfrau Maria und den Erzengeln Gabriel und Michael am Fuß der Treppe.

NYMPHÄUM

Von dieser zweistöckigen Brunnenanlage aus dem 2. Jh. ist die monumentale Fassade erhalten. Sie war im unteren Teil mit grünem Marmor, im oberen mit bemaltem Stuck verziert.

ARTEMIS-TEMPEL

Dieser gut erhaltene und mächtige Tempel war der Schutzgöttin der Stadt gewidmet. Er war Teil einer großen Anlage aus Treppen, Terrassen und Höfen. Treppen führten hinauf in das, den Priestern vorbehaltene Allerheiligste. Mit seinen Ausmaßen (23 mal 40 m) war der Tempel eines der wichtigsten Bauwerke der Stadt.

DREI-KIRCHEN-KOMPLEX

Hinter dem Tempel finden sich drei der mehr als 153 Kirchen, die nach der Christianisierung errichtet wurden. Von 529 bis 533 erbaut, sind sie Johannes dem Täufer, Georg, Cosmas und Damian gewidmet. Sehenswert sind die restaurierten Bodenmosaiken in der *Cosmas-und-Damian-Kirche* und in der *Johanneskirche*.

NORDTHEATER

Das nicht restaurierte Theater, deutlich kleiner als der Bau am Südtor, fasste nur etwa 1600 Zuschauer. Als Rückweg zum Südtor können Sie den auf einer Anhöhe gelegenen INSIDER TIPP ▶ **Feldweg** nehmen, der westlich vom Nordtheater und hinter dem Artemis-Tempel durch die Wiesen führt.

ESSEN & TRINKEN

RESTHOUSE

Das direkt am Südtor gelegene Restaurant ist mit seinem großen Saal auf Reisegruppen eingestellt.

ÜBERNACHTEN

OLIVE BRANCH RESORT ❋

Attraktive Lage, Pool, sonst einfache Ausstattung. Ca. 8 km von Jerash an der Straße nach Ajloun, rechts der Hauptstraße, ausgeschildert. *30 Zi. | Tel. 02 6 34 05 55 | www.olivebranch.com.jo | €€*

ZIEL IN DER UMGEBUNG

Zwischen Jerash und Ajloun liegt der ● Dibbin-Naturpark *(Dibbin Nature Reserve)* (116 C4) (*D4*), der sich für einen Zwischenstopp anbietet. Unter schattigen Kiefern, Pinien und Eichen können Sie idyllisch picknicken. Bei den Ammanern ist der Park sehr beliebt.

DER OSTEN

Wenn Sie Amman in Richtung Osten verlassen, gelangen Sie in einen Teil des Landes, der auf den ersten Blick wenig einladend erscheint. Lastwagen beherrschen die Wüstenhighways, die nach Irak und Saudi-Arabien führen.

Die Landverbindung über Jordanien ist eine der Lebensadern des Irak. Doch die riesige Wüstenlandschaft – mal ausgetrocknete Sümpfe mit dicker Salzschicht, mal schwarzes Basaltgeröll – hat mehr zu bieten: Entlang der beiden Straßen, die wie eine Schleife das Gebiet durchziehen, liegen die berühmten Omayyaden-Schlösser. Die bescheidenen Gebäude aus dem 8. Jh. sind gerade wegen des fehlenden Pomps kleine Juwele, die einen Tagesausflug wert sind. Hier haben Wandmalereien aus der Frühzeit des Islam überdauert, auf denen sogar nackte Frauen abgebildet sind.

Die aus Damaskus stammenden Omayyaden-Herrscher hielten in diesen Schlössern Hof: Hier schlichteten sie Rechtsstreitigkeiten und pflegten die Beziehungen zu den lokalen Beduinenstämmen, die ihre Machtbasis darstellten. Doch die Herbergen dienten wahrscheinlich auch als Lustschlösser. In der Abgeschiedenheit der Wüste soll es hier zu Gelagen mit Wein, Weib und Gesang gekommen sein.

Auch die Pflege der vorislamischen Dichtkunst, in der Sinnenfreuden und Alkohol eine große Rolle spielen, wird überliefert. Die zahlreichen Tierdarstellungen zeugen davon, dass die Jagd auf Gazellen und Enten sowie sport-

Bild: Das Wüstenschloss Qasr Amra

Zeitreise in die Wüste – neben weidenden Wasserbüffeln stehen die zauberhaften Omayyaden-Schlösser

liche Ertüchtigung zum Programm gehörten. Als 750 n. Chr. die Abbasiden die Omayyaden besiegten, verlegten sie die Hauptstadt nach Bagdad. Die Region des heutigen Jordaniens verlor an Bedeutung, und die Wüstenschlösser gerieten in Vergessenheit.

Für die Tour zu den Wüstenschlössern empfiehlt es sich, ein Auto oder ein Taxi zu mieten. Mit öffentlichen Verkehrsmitteln sind sie nur äußerst schwierig zu erreichen. Wenn Sie mehr Zeit haben, können Sie in der Kleinstadt Azraq

übernachten, die von mehreren Naturschutzgebieten umgeben ist.

AZRAQ

(117 F5) *(🗺 F5)* **Das kleine, verschlafene Städtchen (4000 Ew.) 110 km östlich von Amman lebt vom Durchgangsverkehr. Hier geht es nördlich nach Irak und südlich in Richtung Saudi-Arabien.** Schon zur Zeit der Karawanen war die Oase Azraq ein strategischer Knoten-

Frühislamische Wandmalerei im Omayyaden-Schloss Qasr Amra

Sumpflandschaft, in der Wasserbüffel, Krokodile und Füchse lebten. Für die Trinkwasserversorgung Ammans wurde jedoch seit den 1980er-Jahren massiv Wasser aus dem einzigen Wasserreservoir der östlichen Wüste Jordaniens abgepumpt, was zum ökologischen Kollaps führte. Auf einer 12 km² großen Fläche wurde das Sumpfgebiet wiederhergestellt, auf Holzstegen können Sie es durchwandern. Millionen Zugvögel machen hier im Winter Station, und wenn Sie Glück haben, ist in dem hohen Schilfdickicht auch ein Wasserbüffel zu sehen. Eine kleine Ausstellung führt die Tiervielfalt vor Augen, die es hier einst gab. Etwa 12 km südlich von Azraq in Richtung Saudi-Arabien ist das ☺ **INSIDER TIPP** **Wüstenreservat Shawmari** eingerichtet, der erste Naturschutzpark Jordaniens (1975). Hier werden Strauße, die Oryx-Antilope mit ihren langen Hörnern und andere Wildtiere wieder angesiedelt. *Azraq Wetland Reserve Besucherzentrum | Tel. 05 3 83 52 25 | tgl. 9–18 Uhr | Eintritt Naturschutzgebiet 7 JD | Fahrradmiete pro Tag 11 JD | www.rscn.org.jo/wildjordan | Tel. 05 3 83 52 25 | www.rscn.org.jo*

ESSEN & TRINKEN

An der Straße Richtung Qasr al-Azraq liegt das *Azraq Tourist Palace Restaurant (tgl. | €)*, das auf Touristengruppen eingestellt ist. Im *Azraq Resthouse (tgl | €)* an derselben Straße kann man auf einer schattigen Terrasse essen.

ÜBERNACHTEN

AZRAQ LODGES ☺

Ein ehemaliges britisches Feldlazarett, das nicht wiederzuerkennen ist: Der Architekt Ammar Khammash hat das alte Hauptgebäude in ein futuristisch wirken-

punkt für den Verkehr zwischen der saudischen Halbinsel und Mesopotamien sowie Syrien.

SEHENSWERTES

NATURSCHUTZGEBIETE

Gleich neben dem Städtchen hat die Königliche Gesellschaft für Naturschutz (RSCN) das ★ ☺ *Feuchtlandreservat Azraq* eingerichtet. Denn was sich heute so dürr und trocken vor den Besuchern ausbreitet, war einst eine

des Hotel aus Beton integriert. Sonnensegel aus Stoff stellen die Verbindung zur Beduinenkultur her. Das Hotel wird von der RSCN betrieben. Im Besucherzentrum können Sie INSIDER TIPP Safaritouren mit den Umweltschützern buchen: zu Fuß, mit Fahrrad oder Bus (ab 3 Personen). *16 Zi. | an der Hauptstraße ausgeschildert | Kontakt zur Azraq Lodge und zum benachbarten Shawmari Camp | Zimmerreservierung Tel. 05 3 83 50 17 | www.rscn.org.jo/wild jordan | €€*

ZIELE IN DER UMGEBUNG

Öffnungszeiten der Wüstenschlösser: April–Okt. tgl. 8–17 oder 18, Nov.–März tgl. 8–16 Uhr

QASR AMRA ★ (117 E6) (⌖ E5)

Die Anlage (auch: Qusair Amra) ist das am besten erhaltene Wüstenschloss und gehört seit 1999 zum Unesco-Welterbe. Im 8. Jh. ließ sich Kalif Walid I. diesen Jagdpavillon mit Badehaus bauen, der auch als Lustschloss diente. Von außen besticht das bescheidene Gebäude durch seine harmonischen, runden Formen. Der gelbliche Stein passt sich der sandigen Landschaft an. Vor dem Eingang liegt der 24 m tiefe Brunnen, der den *Hammam* mit Wasser versorgte. Im Inneren zeugen die ● einzigartigen Fresken von der Damaszener Lebensart jener Zeit. Die lebensnahen Malereien zeigen Menschen – was im späteren Islam kaum noch vorkommt – und sogar unbekleidete Frauen – das ist noch ungewöhnlicher. Kein Wunder, dass die Abbasiden, die den Omayyaden nachfolgten, die „Ausschweifungen" ihrer Vorgänger anprangerten. Dank der Abgeschiedenheit des Schlösschens haben spätere Bilderstürmer diese Zeugnisse aus der Frühzeit des Islam übersehen. In der islamischen Kunst wurde später

fast ausschließlich mit geometrischen und pflanzlichen Motiven sowie Buchstaben (Kalligrafie) gearbeitet, weil die Darstellung von Menschen nach weit verbreitetem Religionsverständnis verboten ist.

In der dreischiffigen Empfangshalle mit den gewölbten Decken ist eine nackte Frau beim Bad zu sehen. Daneben sind sechs Herrscher abgebildet, die von den Omayyaden besiegt wurden. Vier davon sind namentlich genannt, darunter der der Perser Chosroes, der äthiopische König Negus und der Westgote Roderich, der 711 besiegt wurde. Vergessen Sie nicht, die wunderbaren Deckenfresken zu bewundern: Hier sind Handwerker wie Schreiner, Schmiede und Maurer bei der Arbeit verewigt.

Von der Halle führt ein schmaler Durchgang in das Bad, das in drei Bereiche aufgeteilt ist: Die Wände des Umkleideraums sind mit naiven Zeichnungen von Gazellen, einem Laute spielenden Bären und anderen Tieren geschmückt. Im *Tepidarium* (Abkühlraum) sind eine Gruppe von drei Frauen im Bad sowie

---

MARCO POLO HIGHLIGHTS

★ **Feuchtlandreservat Azraq**
Wasserbüffel in der Wüste?
Mit etwas Glück sind sie hier
zu sehen → S. 52

★ **Qasr Amra**
Das einsame Lustschloss in
der Wüste mit verwegenen
Fresken aus frühislamischer
Zeit gehört zum Welterbe
der Unesco → S. 53

★ **Qasr al-Azraq**
Basaltschloss, in dem Lawrence von Arabien beinahe
erfroren wäre → S. 54

eine Jagdszene zu sehen. Das *Caldarium* (Thermalbad) besitzt eine Kuppel, die mit einer Darstellung des Himmels und Sternzeichen geschmückt ist.

QASR AL-AZRAQ ★ (117 F5) (🕮 F5)
Berühmt wurde dieses Schloss durch einen Gast, der in den Mauern des Gebäudes den Winter 1917/18 verbrachte: Lawrence von Arabien kampierte hier und bereitete den Sturm auf Damaskus vor. Das aus schwarzem Basaltstein errichtete Schloss ist noch immer imposant, auch wenn die oberen Stockwerke durch ein Erdbeben 1927 stark zerstört wurden. Die älteste Inschrift ist eine Widmung an die Herrscher Diokletian und Maximian, die gemeinsam 285–305 n. Chr. das römische Reich regierten. Das damals erbaute Kastell wurde wahrscheinlich im 13. Jh. von den Ayyubiden renoviert. Aus dieser Zeit stammt auch die Moschee im Innenhof.

QASR AL-HALLABAT (117 D4) (🕮 E4)
Die von den Römern im 2. Jh. erbaute Festung wurde später von byzantinischen Mönchen als Kloster genutzt. In der ersten Hälfte des 8. Jhs. zerstörten die Omayyaden das Bauwerk und errichteten es neu. Teilweise wurden Basaltsteine aus der byzantinisch-römischen Siedlung *Umm al-Jimal* (etwa 30 km nördlich) verwendet. Heute befindet sich hier eine mäßig gut erhaltene Ruine. Nur wenige Kilometer entfernt liegt der *Hammam as-Sarakh,* das Bad des Qasr al-Hallabat. Von Badehaus und Umkleideräumen sind nur noch einige Mauern erhalten. Gut zu erkennen sind die Wasserleitungen.

QASR AL-KHARANA (117 E6) (🕮 E6)
Festung oder Karawanserei? Bis heute ist unklar, wozu dieses gut erhaltene, klar gegliederte Wüstenschloss diente. Die großen Küchen sowie die Ställe für Kamele oder Pferde um den Innenhof lassen vermuten, dass es sich um eine Art Wüstenhotel handelte. Der erste Stock ist ein Labyrinth aus Zimmern und Gemächern. Von der Terrasse bietet sich ein INSIDER TIPP weiter Ausblick über die Wüste. Die wuchtigen Ecktürme würden zwar eher auf eine Verteidigungsanlage schließen lassen, doch die kleinen Öffnungen in der Außenmauer dienten der Ventilation und nicht als Schießscharten. Die kufische Inschrift über einer Tür in der oberen Etage weist auf das Baujahr 711 hin.

QASR AL-MUSHATTA (116 C6) (🕮 D5)
Wenn Sie das Berliner Pergamon-Museum besucht haben, kennen Sie den schönsten Teil dieses Schlosses: Die mit Stuckelementen verzierte Südfassade ist dort ausgestellt, seit der osmanische Sultan Abdel Hamid II. sie 1903 Kaiser Wilhelm II. schenkte. Im Zuge einer deutsch-jordanischen Kooperation soll eine Nachbildung am Original angebracht werden. Von dem einst größten

LOW BUDG€T

▶ Im südlichen Teil des Ortes Azraq **(117 F5) *(🕮 F5)*** liegen die einfachen Restaurants für Fernfahrer aus Irak und Saudi-Arabien. Hier setzt man sich mit an einen großen Tisch und bestellt das Einheitsessen. Als Faustregel gilt: Wo viel Andrang herrscht, ist die Qualität am besten.

▶ Sightseeing fast gratis: Der Eintritt in die Wüstenschlösser ist frei – doch sollten Sie dem Touristenführer etwa 1 JD Trinkgeld geben.

Leben in der Wüste: ein Schäfer mit seiner Herde beim Qasr al-Kharana

der Wüstenschlösser zeugen vor allem die gewaltigen Außenmauern, die jeweils 144 m lang und mit Halbtürmen versehen sind. Der Palast liegt wenig idyllisch auf dem Gelände des internationalen Flughafens von Amman.

UMM AL-JIMAL ● (117 D3) *(⌀ E4)*

Umm al-Jimal („Mutter der Kamele") ist eine der bedeutendsten archäologischen Stätten Jordaniens. Unweit des Kreuzungspunktes mehrerer alter Handelsstraßen siedelten sich hier bereits im 1. Jh. n. Chr. Nabatäer an. Später bauten die Römer den Ort zu einer militärisch bedeutenden Grenzstadt aus. Archäologisch ist Umm al-Jimal unter anderem deshalb so wichtig, weil sich hier einige der ältesten christlichen Kirchen befinden. Faszinierend ist der Ort auch, weil hier das Alltagsleben im Mittelpunkt steht. Wie lebten die Menschen in römischer, byzantinischer und frühislamischer Zeit? Wie organisierten sie die Versorgung mit Lebensmitteln? Wie schafften sie es, komplexe Wasserleitungssysteme anzulegen, ja sogar kleine Wolkenkratzer zu bauen? Woran lag es, dass an diesem scheinbar unwirtlichen Ort zeitweise bis zu 5000 Menschen lebten? Und warum war Umm al-Jimal ab ca. 750 n. Chr. für fast 1000 Jahre verlassen?

Seit den 1970er-Jahren wurden die Überreste der Stadt unter Leitung des Archäologen Bert de Vries weitgehend ausgegraben und dokumentiert. Auf der ausgezeichnet gemachten Internetseite (s. u.) können Sie einen virtuellen Rundgang machen und sich ausführlich über die Pläne für Umm al-Jimal informieren. Unter anderem soll ein Museum entstehen. Wegen der Sonne sollten Sie am besten vor 11 Uhr bzw. nach 15 Uhr kommen. *So–Do 8–17 Uhr | Eintritt frei | www.ummeljimal.org*

DER WESTEN

Sie fragen sich, woher in diesem Wüstenland das Gemüse kommt? Ihr Auge möchte sich einmal wieder an saftigem Grün sattsehen? Dann machen Sie einen Ausflug in das Jordantal, den Obst- und Gemüsegarten des Landes.

Entlang des Jordans, der die Grenze zu Israel und den Palästinensergebieten bildet, dehnen sich Plantagen und Gärten, grüne Felder und saftige Wiesen aus. Hier sehen Sie Bauern bei der Arbeit, die jedoch keine umgeschulten Beduinen sind: Die meisten sind ägyptische Gastarbeiter, die wegen der höheren Löhne in Jordanien dem Niltal den Rücken gekehrt haben.

Doch in diesem Land der Kontraste findet auch dieser Leben spendende Reichtum der Natur ein jähes Ende. Der Jordan mündet im Süden des Tals in das Tote Meer, in dem es kein Leben gibt. Die sofort am Ufer steil ansteigenden Berge sind wieder karg und unwirtlich. Dafür ein Bad am tiefsten Punkt der Erde wegen des hohen Salz- und Mineraliengehalts des „Meers" ein einmaliges Erlebnis: Auch Nichtschwimmer können nicht untergehen. Mit kleinen Kindern sollten Sie dennoch lieber am Pool bleiben. Ein versehentlicher „Schluck" aus dem Toten Meer kann gefährlich werden, vor allem, wenn das Salzwasser in die Atemwege gerät.

Eine weitere Attraktion im Jordantal ist die Taufstätte Jesu: Nach neuesten Forschungen befand sie sich wohl auf der Ostseite des Jordans und nicht auf palästinensischer Seite.

Bild: Olivenbäume im Jordantal

Grüne Obstgärten und karge Berghänge – zwischen dem fruchtbaren Jordantal und dem salzigen Toten Meer liegt die Taufstätte Jesu

JORDANTAL

(116 B2–6) (*map* C3–5) **Das fruchtbare Tal verdankt seinen Namen dem Fluss Jordan, der in den libanesischen Bergen entspringt.**

Wer einen reißenden Fluss erwartet, wird enttäuscht sein: Durch die starke Wasserentnahme im oberen Flusslauf in Israel ist der Jordan auf dieser Strecke zu einem schmalen Flüsschen geschrumpft. Immer wieder gibt es Streit zwischen Jordanien

und Israel über die Wasserentnahme. So ist die üppige Vegetation nur begrenzt dem Jordan zu verdanken. Vielmehr ermöglicht der King-Abdullah-Kanal eine regelmäßige Bewässerung. Der Kanal wird aus dem Yarmouk-Fluss und aus Staudämmen gespeist.

In dem feuchtheißen Klima des Tals sind drei Ernten pro Jahr möglich, das Tal liefert drei Viertel der landwirtschaftlichen Produktion. Weizen, Gerste, Tomaten, Gurken und viele Obstsorten werden hier angebaut. Hoch subventionierte

Al-Maghtas: Vieles spricht dafür, dass sich hier die Taufstätte Jesu befand

Wasserpreise für die Plantagenbesitzer führen jedoch zu ökologisch unsinnigen Projekten: Obwohl Bananenstauden einen extrem hohen Wasserverbrauch haben, ist das Tal übersät von Plantagen. Die zunehmende Versalzung gerade im südlichen Teil des Jordantals zwingt zu ständig neuen Experimenten; immer weniger Pflanzen können hier gedeihen.

SEHENSWERTES

PELLA ★ ● ☀ (116 B3) (*M C3*)

Neben dem Dorf *Tabaqat Fahl* liegen die Ruinen von Pella, einer der Städte der griechischen Dekapolis. Veteranen der Armee Alexanders des Großen ließen sich um 310 v. Chr. auf diesem seit Jahrtausenden bewohnten Hügel nieder. Ihre Blütezeit erreichte die Stadt unter byzantinischer Herrschaft, als hier etwa 20 000 Menschen lebten und ein Bischof residierte. Obwohl die Ausgrabungen schon 1967 begannen, ist in Pella im Vergleich zu Umm Qais oder Jerash wenig zu se-

hen: Reste der Stadtmauer, einer Basilika mit Säulen aus dem 6. Jh. sowie eines Theaters mit 400 Sitzplätzen sind bisher freigelegt. Die Aussicht auf das Jordantal ist grandios. Im Frühjahr blühen Klatschmohn und die Schwarze Iris – Top-Zeit für interessante Wandertouren (nehmen Sie den Wanderführer von Di Taylor und Tony Howard mit). Zum Essen ist das ☀ *Pella Resthouse (tgl. | Tel. 02 6 56 08 99 | €€)* empfehlenswert. Hier gibt es gute arabische Küche bei tollem Blick von der Terrasse. Der Besitzer Deeb Gawahreh führt auch ein einfaches Hotel in Pella (*11 Zi. | Dheebgawahreh575@hotmail.com | €*). Eine weitere Übernachtungsmöglichkeit liegt zwischen Umm Qais und Pella, 3 km nördlich von Sheikh Hussein. Dort hat die Umweltorganisation Friends of the Environment Middle East (FOEME) einen Campingplatz mit klimatisierten Blockhütten (mit Wlan) eingerichtet. Denken Sie daran, rechtzeitig zu reservieren (*10 Zi für 28 Personen | Tel. 06 5 86 66 02 | jordanecopark.wordpress.com | €–€€*).

TAUFSTÄTTE JESU (AL-MAGHTAS) ★
(116 B5) *(⊞ C5)*

Erst der Friedensschluss mit Israel 1994 ermöglichte den Beginn von Ausgrabungen auf diesem Hügel, zuvor war hier militärisches Sperrgebiet und das Land mit Minen übersät. Seit 1997 haben jordanische Archäologen in dem Gebiet mehrere frühchristliche Kirchen, ein Kloster und Taufbecken aus den ersten Jahrhunderten n. Chr. freigelegt. Neuere Forschungen gehen davon aus, dass Johannes der Täufer und der Prophet Elias hier gewirkt haben. Hier soll „Bethanien jenseits des Jordan, wo Johannes taufte" (Johannes-Evangelium 1,28) gelegen haben. Die Übereinstimmungen zwischen Bibelstellen, den Berichten christlicher Pilger und archäologischen Funden sind verblüffend und sprechen dafür, dass wahrscheinlich hier die Taufstätte Jesu lag. Auf dem *Elias-Hügel (Tel al-Kharrar)* sind Überreste eines Klosters zu sehen sowie ein komplexes System aus Zisternen und Becken, in denen wohl Massentaufen vorgenommen wurden. In der Umgebung finden sich Hunderte von Höhlen, die von Eremiten oder Mönchen bewohnt wurden.

Durch die wilde Vegetation des *Wadi al-Kharrar*, in dem fünf Quellen entspringen, führt ein 2 km langer INSIDER TIPP ▶ Fußweg hinunter an das Ufer des Jordans. Besucher können sich auch im Minibus zu den einzelnen Sehenswürdigkeiten auf dem großen Gelände fahren lassen. An der Stelle, wo der Jordan breite Schleifen zieht und seinen Lauf über die Jahrhunderte verändert hat, liegen die Reste einer Kirche aus dem 6. Jh. Zwei weitere, etwas höher gelegene Kirchen wurden innerhalb der folgenden 100 Jahre errichtet. Schließlich gelangt man direkt an den Hauptarm des Jordans. Nur wenige Meter trennen ihn von den Palästinensergebieten auf der anderen Flussseite, die

von Israel besetzt sind. Was dafür spricht, dass die „Wiege des Christentums" auf der Ostseite des Jordans lag, können Sie auf der Website *www.baptismsite.com* nachlesen. König Abdallah II. hat im Frühjahr 2008 Land gestiftet, auf dem eine neue Kirche gebaut werden soll. Im Besucherzentrum befindet sich ein modernes, klimatisiertes *Restaurant (€€)* mit arabischer Küche. *April–Okt. tgl. 8–18, Nov.–März tgl. 8–16 Uhr, letzter Einlass 1 Std. vor Schließung | Eintritt 12 JD (inkl. Führer und Minibus) | Besucherzentrum Tel. 05 3 59 03 60*

ÜBERNACHTEN

INSIDER TIPP ▶ **MOUNTAIN BREEZE COUNTRY CLUB** ✹ **(116 B5)** *(⊞ C5)*
Landschaftlich schön gelegene Campinganlage mit angeschlossenem Restaurant (Sommerterrasse mit Panoramablick, im Winter stilvoll drinnen, mit Kamin). Kinderspielplatz, viele Sportmöglichkeiten für Kinder und Erwachsene, unter anderem Bogenschießen und Ballspiele.

★ **Pella**
Die Reste der antiken Stadt faszinieren mit ihrer bezaubernden Lage → S. 58

★ **Taufstätte Jesu (Al-Maghtas)**
Frühchristliche Taufbecken und Eremitenhöhlen – hier sollen Johannes der Täufer und der Prophet Elias gewirkt haben → S. 59

★ **Totes Meer**
Zeitung lesend auf dem Salzmeer liegen und nicht untergehen – das gehört zu jedem Jordanienurlaub dazu → S. 60

MARCO POLO HIGHLIGHTS

Achtung: Auch Paintballclub! Durch das Action-Angebot und die hervorragende Gastronomie auch gut für einen Tagesausflug geeignet. Reservierung erforderlich. Zelte für bis zu fünf Personen (Schlafsack mitnehmen). Chalets für 2–4 Personen sind geplant. Frühstück inklusive. Wegbeschreibung auf der Homepage des Clubs. *Tgl. 10–22 Uhr, April–Okt. auch länger | Tel. 077 7 23 45 69 | www.jordan adventure.com | €€*

TOTES MEER

(116 A–B6, 118 B1–2) *(∅ C5–7)* ★ **Wenn Sie direkt von Amman kommen, legen Sie auf der rund 45 km langen ☆ Serpentinenstraße zum Toten Meer hinab einen Höhenunterschied von 1300 m zurück.**

Am Ende der Straße befinden Sie sich am tiefsten Punkt der Erde, am Toten Meer, 400 m unter dem Meeresspiegel. Das Binnenmeer ist 75 km lang und 16 km breit. Obwohl es „tot" ist und außer einigen Mikroben kein Leben enthält, ist es ökologisch bedroht. Jährlich sinkt der Meeresspiegel um einen Meter, weil die Zuflüsse aus dem Jordan und Bergquellen als Trinkwasser oder für die Landwirtschaft abgefangen werden. Zudem verbrauchen die israelischen und jordanischen Industrieanlagen (Pottasche und Schönheitsmittel aus Naturprodukten) am südlichen Ende große Mengen Wasser.

Umweltschützer befürchten, dass das Binnenmeer bis 2050 um die Hälfte schrumpfen könnte, wenn nichts unternommen wird. Seit Jahren ist der Bau eines Kanals im Gespräch, der Wasser aus dem Roten Meer in das Tote Meer

BÜCHER & FILME

▶ **Geschichte einer Stadt. Eine Kindheit in Amman** – Abdelrachman Munif hat die jordanische Hauptstadt in den 1940er-Jahren beschrieben

▶ **Die letzte Chance – Mein Kampf für Frieden im Nahen Osten** – König Abdallah II. erzählt seine Lebensgeschichte. Die historischen Darstellungen sind teils subjektiv gefärbt, manches kann man auch anders sehen. Dennoch vermittelt das Buch Einblicke in Persönlichkeit und Denkweise des jordanischen Königs

▶ **Lawrence von Arabien** – Kinoklassiker von David Lean, mit Peter O'Toole 1962 teilweise an Originalschauplätzen im Wadi Rum gedreht. Es geht um den britischen Orientalisten und Spion T. E. Lawrence und die Lage in Arabien kurz vor der Gründung des jordanischen Staates

▶ **Captain Abu Ra'ed** – Der erste jordanische Spielfilm, 2007 gedreht von Amin Matalqa. Hauptfigur ist ein Witwer, der in einer Putzkolonne am Flughafen arbeitet. Eines Tages reißen ihn die Kinder aus dem Viertel aus seinem Alltagstrott, und er freundet sich mit einer jungen Pilotin an. Eine anrührende Geschichte in schönen Bildern

▶ **Recycle** – Der niederländisch-jordanische Regisseur Mahmoud Al Massad erzählt von einem ehemaligen Qaida-Sympathisanten, der nach Jordanien zurückkehrt und versucht, sich ein neues Leben aufzubauen (aus dem Jahr 2006)

leiten soll. Doch die angespannte politische Lage in der Region behindert Kooperationsprojekte zwischen Jordanien, Israel und Palästinensern.

Der Salzgehalt des Toten Meers ist mit etwa 30 Prozent fast zehnmal so hoch wie der anderer Meere. Das Wasser wirkt bei Haut- und Rheumaerkrankungen häufig Wunder und zieht immer mehr Gesundheitstouristen an. Nicht versäumen sollten Sie eine **INSIDER TIPP** Körpermaske aus Schlamm. Der graue Schlamm ist in Vertiefungen im Wasser nahe am Ufer zu finden oder wird in Hotels bereitgestellt. Tragen Sie den Schlamm auf, und lassen Sie ihn trocknen – wenn Sie ihn anschließend abspülen, ist Ihre Haut samtweich.

Eine Körpermaske mit Schlamm aus dem Toten Meer tut der Haut gut

ESSEN & TRINKEN ÜBERNACHTEN

DEAD SEA SPA HOTEL

In diesem ältesten Hotel am Toten Meer wurde das Friedensabkommen zwischen Jordanien und Israel ausgehandelt. Das mittlerweile renovierte Hotel ist bei Kindern beliebt, weil es mehrere Pools mit Klettergerüst und einer großen Wasserrutsche hat. Einfacher und billiger als die anderen Luxushotels. Nutzung von Pools und Strand durch externe Gäste 30 JD pro Person (Kinder 15 JD). *272 Zi. | Tel. 05 3 56 10 00 | www.dssh.jo | €€€*

KEMPINSKI HOTEL ISHTAR DEAD SEA ☼

Neueres Hotel der Luxusklasse am Toten Meer. Gärten und Lagunen, kleine Flüsse und Wasserfälle – und das alles mitten in der Wüste! Attraktive Sportanlagen und zahlreiche Wellnessangebote. Pluspunkt: die Baby- und Kinderbetreuung. Nachteil: Kein Zugang zum Hotelstrand für Nichtgäs-

te. *117 Zi. und Suiten | Swaimeh, Dead Sea Road | Tel. 05 3 56 88 88 | www.kempinski.com/de/deadsea | €€€*

MÖVENPICK

Traumhafte Luxusanlage in Form eines traditionellen Beduinendorfes. Die Bungalows ziehen sich vom Hauptgebäude bis zum Meer hin, sind umrankt von Bougainvilleen und Oleander. Die Zimmer im Erdgeschoss haben eine eigene Terrasse. Bestehen Sie darauf, in diesem Teil und nicht im Hauptgebäude untergebracht zu werden. Vom ☼ Swimmingpool aus haben Sie einen phantastischen Blick über das Tote Meer. Schmaler, felsiger Strand.

Strand am Toten Meer: Konservative Jordanier halten sich auch beim Baden bedeckt

Im Spa gibt es gegen zusätzliches Entgelt Massagen, Schlammbäder und andere Schönheitsanwendungen. Wer tagsüber nur Schwimmbad und Strand nutzen will, bezahlt 40 JD Eintritt pro Person, an Wochenenden 50 JD (inkl. 20 JD für Verzehr). *346 Zi. | Sweimeh, Totes Meer | Tel. 05 3 56 11 11 | www.moevenpick-deadsea.com | €€€*

MUJIB CHALETS ☆

Nicht billig, aber wesentlich preisgünstiger als die Fünf-Sterne-Hotels und mit einer phantastischen Aussicht: Die Mujib Chalets der RSCN am Ausgang des Wadi Mujib, ca. 30 Autominuten südlich von Sweimeh. Die DZ mit eigener Terrasse und Gemeinschaftsduschen kosten ca. 50 JD pro Person, Einzelzimmer ca. 70 JD. Externe Gäste können den Strand für 10 JD nutzen. *Tel. 06 46 16 52 30 | www.rscn.org.jo | €€*

STRÄNDE

Baden ist fast am gesamten felsigen Ufer erlaubt. Da Sie nach dem Bad unbedingt das Salzwasser abwaschen müssen, empfiehlt sich die Nutzung eines Strandes mit Duschen.

ZIELE IN DER UMGEBUNG

WADI FEYNAN (118 B5) (*ill C9*)

Die **INSIDER TIPP** Straße am Toten Meer entlang nach Süden ist weitaus schöner als die Wüstenautobahn. Im *Wadi Araba* sehen Sie die einzigen feinen Sanddünen Jordaniens. Auf dieser Strecke können Sie in der ● ☺ **INSIDER TIPP** Feynan Eco Lodge Station machen, ehemals ein Projekt der RSCN – eines der besten Öko-Hotels der Welt mit Blick von der Terasse in die Wüstenlandschaft. Sie fahren vom Toten Meer bis zum Empfangstreff im Dorf Qurayqira (gesprochen: Greigra – präzise Wegbeschreibungen aus allen Richtungen unter *www.feynan.com*). Sollte Ihr Auto keinen Vierradantrieb besitzen, müssen Sie Ihren Wagen in Qurayqira abstellen und sich gegen einen Aufpreis von rund 15 JD abholen lassen (bei der Buchung mitteilen!). Die Fahrt dauert rund 30 Minuten. Das abgeschiedene Hotel wird mit Solarenergie betrieben und abends romantisch mit Kerzen beleuchtet. In den Zimmern gibt es keine Steckdosen. Internetverbindungen sind nicht stabil, zum Bezahlen Bargeld mitnehmen, da Kartenleser oft ausfallen mangels Strom und Funkverbindungen. Die Verpflegung ist rein vegetarisch und im gesamten Hotel gilt Rauchverbot.

Von hier aus sind schöne Wanderungen durch die Felsenlandschaft möglich, nach Dana und sogar bis nach Petra (s. Kapitel „Die Königsstraße"). Es gibt keine direkte Straßenverbindung nach Dana, aber man kann sich in Dana abholen lassen. *(Eco Lodge | 26 Zi. mit Bad in drei Kategorien | Juli und Aug. geschl. | Lodge Tel. 079 7 48 79 00, Reservierung in Amman Tel. 06 4 64 55 80 | www.feynan.com | €€).*

In diesem Gebiet, das schon vor 10 000 Jahren besiedelt war, liegen zahlreiche archäologische Stätten. Hier befanden sich die größten Kupferminen der Levante, die über 5000 Jahre lang betrieben wurden (4000 v. Chr. bis etwa 1500 n. Chr.). Daran erinnern heute vor allem große Aufschüttungen von Restgestein. Von den Kupfergießereien der Römer und Byzantiner sind noch Überreste hydraulischer Anlagen zu sehen.

WADI MUJIB (118 B–C2) *(ₘ C6–7)*

Durch das Wadi Mujib führen mehrere unterschiedlich schwierige Wanderwege *(begehbar von April–Okt.),* unter anderem der *Siq Trail,* der *Ibex Trail* und der *Malaqi Trail.* Fast alle Wanderwege starten am Toten Meer und enden auch dort. Eine Trekkingtour in das schmale Wadi hinein, bei der man streckenweise durch das warme Wasser schwimmt, ist ein besonderes Naturerlebnis. Besonders mutige Trekkingfans und geübte Kletterer können den **INSIDER TIPP** Canyon

auch von oben durchqueren, allerdings nur mit einem Führer. Professionell geführte Touren bieten mehrere Veranstalter an, darunter Wild Jordan (RSCN, *www. rsch.org.jo*) und Terhaal *(www.terhaal. com).* Falls Sie mit dem eigenen Auto anreisen: Die Wanderungen durch den Mujib-Canyon von oben beginnen in Fagua, einem Dorf zwischen Madaba und Karak (Treffpunkt: Büro der RSCN). Der Trek ist von Fagua aus ca. 15 km lang und dauert je nach Kondition 6–8 Stunden. Bei Bedarf kann der Rücktransport nach Fagua für Sie organisiert werden.

LOW BUDG€T

▶ Günstig und schön baden Sie am Toten Meer am ● Amman Beach **(116 B6)** *(ₘ C6),* ein gepflegter Strand mit Duschen, Umkleidekabinen und Liegestühlen. Auch ein großer Pool ist vorhanden. Meiden Sie das Wochenende. *An der Uferstraße 1 km vom Dead Sea Spa entfernt | Eintritt 15 JD*

▶ Spektakuläre Ausblicke genießen und im Museum etwas über die Natur und Geschichte des Toten Meers lernen: Der ☀ *Dead Sea Panoramic Complex* **(118-119 B1)** *(ₘ C6)* der Königlichen Gesellschaft für Naturschutz (RSCN) bietet alles für einen aufregenden und doch erschwinglichen Tagesausflug für Familien. Picknick ist möglich, das gute Restaurant kann wegen einer Feier oder einer großen Gruppe auch ausgebucht sein. *Museum März–Okt. tgl. 9–17, Nov.–Feb. tgl. 9–16 Uhr | Eintritt 2 JD | Restaurant März–Okt. tgl. 12–24, Nov.–Feb. tgl. 12–21 Uhr | Tel. 05 3 49 11 33 | www.rscn.org.jo*

DIE KÖNIGSSTRASSE

Die Königsstraße (Tariq al-Sultani) ist einer der schönsten Wege, die von Amman nach Aqaba führen. Sie schlängelt sich auf der Grenze zwischen der Jordansenke des Wadi Araba und dem Hochplateau der Wüste entlang und bietet überwältigende Landschaften.

Vom Berg Nebo führt die Königsstraße über Madaba, das spektakuläre Wadi Mujib (auch „Grand Canyon Jordaniens" genannt, mit dem legendären Trajan Resthouse am Südende), das Naturschutzgebiet Dana und die Kreuzfahrerburgen Karak und Shobak bis zur berühmten Nabatäer-Stadt Petra. Die Königsstraße entspricht angeblich dem Weg, auf dem Moses die Hebräer zum Gelobten Land geführt haben soll. Später zogen die Karawanen der Nabatäer mit Weihrauch und Edelsteinen hier entlang. Nachdem Kaiser Trajan im Jahr 106 n. Chr. das Nabatäer-Reich in das römische Imperium eingegliedert hatte, ließ er die Via Nova Traiana ausbauen, die von Damaskus bis nach Aqaba führte: Die Königsstraße wurde von einem Karawanenpfad zu einer gepflasterten Straße mit Meilensteinen. Machen Sie eine Reise durch die Jahrtausende, bei der Sie – außer bei einem Besuch in Petra – nur wenige Touristen treffen werden.

DANA

(118 B5) (*C9*) ★ **Unbedingt sollten Sie einen Aufenthalt im Naturreservat Dana einplanen. Die Canyon-**

Bild: Festung Karak

Einfach spektakulär – vom Berg Nebo über die Canyonlandschaft von Dana zu Kreuzritterburgen und der Felsenstadt Petra

landschaft mit den rundgewaschenen Felsen in vielen Farbschattierungen hält eines der schönsten Naturerlebnisse Jordaniens bereit.

Mehrere Wanderrouten sind mit Steinen gekennzeichnet, aber es lohnt sich, einen Führer zu nehmen. Das 1989 eingerichtete Naturschutzgebiet ist mit 320 km² das größte des Landes. 600 Pflanzenarten, 190 Vogelarten und 37 weitere Tierarten sind hier zu finden *(Eintritt Naturschutzgebiet 7 JD)*. Das aus dem 15. Jh. stammende *Dorf Dana*, das

ganz aus Steinen und Lehm gebaut ist, liegt auf einem Bergvorsprung über dem Wadi Dana. Schon der Blick von oben bei der Anfahrt ist atemberaubend. Das Dorf war zwischenzeitlich fast völlig verlassen, weil die Familien nach Qadisiya an die Hauptstraße zogen. Daher liegt ein Teil der Häuser und Ställe bis heute in Ruinen. Doch dank des Projekts der Naturschützer sind einige Familien in Dana geblieben oder haben sich wieder angesiedelt. Man sollte hier unbedingt ein wenig verweilen.

Der Weg nach Karak durch das Wadi Mujib bietet grandiose Ausblicke

ESSEN & TRINKEN ÜBERNACHTEN

DANA GUESTHOUSE ☼ ☺

Das Hotel der Naturschutzorganisation besticht durch die spektakuläre Aussicht, ist allerdings relativ teuer. Der geschmackvolle Aufenthaltsraum und die Terrasse liegen direkt über dem Wadi. Gutes Essen, im Winter gemütliche Abende am Kamin mit Gesellschaftsspielen. Auch wenn Sie in einem anderen Hotel wohnen, sollten Sie einmal zum Essen hierher gehen *(vorbestellen, geöffnet nach Vereinbarung!)*, um den schönen Ausblick zu genießen. *9 Zi. | Tel. 03 2 27 04 98 | dhana@rscn.org.jo | €€*

INSIDER TIPP ▶ DANA HOTEL ☺

Das einfache Haus ohne Pool liegt mitten im Ort, gegenüber der hübschen, kleinen Moschee, in der der Gebetsruf noch nicht vom Tonband kommt. Das Hotel wird von den Dorfbewohnern betrieben, sodass die Menschen vor Ort unmittelbar davon profitieren. Einfache, schlichte Zimmer mit schönen Metallbetten, die um einen Innenhof gruppiert sind. Beduinenzelt auf der ☼ Dachterrasse. *7 Zi. | Tel. 03 2 27 05 37 | €*

RUMMANA-CAMP ☼ ☺

Zugang zum Naturschutzgebiet gibt es auch beim Rummana-Zeltlager (kurz vor dem Dorf Qadisiya rechts ab), einem Projekt der lokalen Bevölkerung. Hier können Sie in 20 Gemeinschaftszelten, die mit Matratzen ausgestattet sind, in der unberührten Landschaft übernachten. Vor der Zelttür beginnen die Wanderwege, der Eintritt ins Naturschutzgebiet ist im Übernachtungspreis inklusive. Grillplätze stehen zur Verfügung, Sie können sich aber auch verpflegen lassen. *Tel. 03 2 27 04 98 | dhana@rscn.org.jo | Nov.– 15. März geschl. | €€*

AUSKUNFT

Das Besucherzentrum mit Verkaufsraum liegt neben dem Dana Guesthouse. Hier können Sie Führer für Wandertouren buchen oder den Shuttlebus, der Sie zum Zeltlager Rummana bringt. *Tgl. 8–15 Uhr | Tel. 03 2 27 04 98 | www.rscn.org.jo*

KARAK

(118 C3) (ꞕ C7) Die Fahrt nach Karak führt durch eine aufregende Landschaft. In langen Serpentinen windet sich die ☼ Straße durch das 1000 m tiefer liegende Wadi Mujib, das an dieser Stelle sehr breit ist.

Die Stadt Karak wird von der höher gelegenen Kreuzfahrerburg beherrscht.

weise war für die Wahl des Ortes ausschlaggebend, dass die Mehrheit der Bewohner Karaks arabische Christen waren. Nach einjähriger Belagerung mussten die Kreuzritter sich 1189 dem arabischen Feldherrn Salah ed-Din ergeben, der die Festung ausgehungert hatte. Da der ägyptische Herrscher Ibrahim Pascha die Burgmauern zerstören ließ, sind die oberen Stockwerke nur noch Ruinen. Von den ☼ Aufbauten aus mameluckischer Zeit haben Sie jedoch einen wunderbaren Blick. Interessant sind vor allem die unterirdischen Bankettsäle, die unbeschädigt blieben. *Tgl. 8–17 Uhr | Eintritt 1 JD*

SEHENSWERTES

FESTUNG KARAK ⭐

Die imposante, komplett renovierte Festung ist ein beeindruckendes Beispiel der Militärarchitektur der Kreuzritter. Balduin I., der nach dem Tod seines Bruders Gottfried von Bouillon König des Kreuzritterstaates Jerusalem wurde, ließ die Burg 1142 errichten. Möglicher-

ESSEN & TRINKEN

KIR HERES

Ein empfehlenswertes Lokal gleich vor der Burg. Schmackhafte arabische und internationale Gerichte. Der Besitzer Rashid Dmour kümmert sich persönlich um die Gäste. *Tgl. | Castle Street | Tel. 03 2 35 55 95 | €€*

⭐ Dana
Aufregendes Reiseerlebnis in farbenprächtiger Felslandschaft, vielfältiger Pflanzen- und Tierwelt und romantischen Sandsteinhäusern → S. 64

⭐ Festung Karak
In den unterirdischen Hallen der imposanten Festung haben Kreuzritter einst Trinkgelage veranstaltet → S. 67

⭐ St.-Georgs-Kirche
Das Palästina-Mosaik in Madaba zeigt die Welt vor 1500 Jahren und bezaubernde Pflanzen- und Tierdarstellungen → S. 69

⭐ Berg Nebo
Überwältigender Blick auf das verheißene Land von einem der heiligsten christlichen Pilgerziele in Jordanien → S. 70

⭐ Umm ar-Rasas
Byzantinische Bodenmosaiken und ein Eremitenturm – ganz ohne Eingang und Treppe → S. 71

⭐ Petra
Spektakulärer Höhepunkt einer jeden Reise nach Jordanien: Die Nabatäer-Stadt im Felsgestein ist eine einmalige Symbiose aus Natur und Architektur → S. 71

MARCO POLO HIGHLIGHTS

ÜBERNACHTEN

Die Kreuzfahrerburg von Karak ist ein absolutes Highlight, doch die Übernachtungsmöglichkeiten sind wenig attraktiv. Planen Sie Ihre Besichtigung am besten so, dass Sie nach dem Mittagessen weiterreisen.

TOWER HOTEL
Zimmer mit Gemeinschaftsbad. *18 Zi. | Castle Street | Tel. 03 2 35 42 93 | €*

schlechtem Zustand. In den kommenden Jahren wird Shobak mithilfe italienischer Experten von der Universität Florenz restauriert.

MADABA

(116 B–C6) (M C6) **Wenige Kilometer hinter dem Flughafen Amman geht es nach Madaba (40 000 Ew.). Die Provinzstadt blüht seit einigen Jahren auf**

Blick auf Madaba, beliebter Ausgangspunkt für Rundreisen durch Jordanien

ZIEL IN DER UMGEBUNG

INSIDER TIPP **SHOBAK** ☼
(118 B6) (M C9)
Für Burgenfans lohnt sich ein Halt in Shobak, denn hier thront eine bedeutende Festung. Montreal (oder Mons Realis) nannten die Kreuzritter die ebenfalls von Balduin I. errichtete Burg. Im 14. Jh. wurde das Bauwerk von den Mamelucken restauriert, heute ist es in relativ

– unter anderem befinden sich hier eine Amerikanische Universität und die German-Jordanian University. Unter dem Namen Mebda wird die Stadt im Alten Testament erwähnt.
Der mehrheitlich von Christen bewohnte Ort ist berühmt für seine Mosaiken, die sich in byzantinischer Zeit zu voller Blüte entwickelten. In der Mosaikschule wird dieses Kunsthandwerk weiter gepflegt.

SEHENSWERTES

APOSTELKIRCHE

Die Mosaikböden der im Jahr 578 erbauten Kirche gehören zu den schönsten in Madaba – darunter die personifizierte Darstellung des Meers, in der eine Frau aus den Wellen aufsteigt, umgeben von Meerestieren. Beachten Sie die sprungbereite Katze neben dem Vogel oder den Wolf, der nach einer Weintraube schielt! *Tgl. 8–17 Uhr | Eintritt 2 JD (inklusive Besichtigung des Madaba-Museums und des Archäologischen Parks)*

ARCHÄOLOGISCHER PARK

Freiluftmuseum mit den Ruinen mehrerer Kirchen und Stadtpaläste. Erhalten geblieben sind wunderbare Bodenmosaiken, etwa die Darstellungen von *Amor und Aphrodite* und der griechischen Tragödie von Phädra, die sich in ihren Stiefsohn Hippolytus verliebte *(Hippolytus-Halle)*. *April–Sept. tgl. 8–19 Uhr, Okt.–März tgl. 8–17 Uhr | Eintritt 2 JD (inklusive Besichtigung der Apostelkirche und des Madaba-Museums)*

MADABA-MUSEUM

Das Museum zeigt Keramik, Schmuck, Waffen und Mosaiken. *Okt.–April tgl. 8–17, Mai–Sept. tgl. 8–19 Uhr | Eintritt 2 JD (inklusive Besichtigung der Apostelkirche und des Archäologischen Parks)*

ST.-GEORGS-KIRCHE ★

In dieser griechisch-orthodoxen Kirche, die 1884 auf den Ruinen einer byzantinischen Kirche erbaut wurde, befindet sich die berühmte ● Palästina-Karte. Die um 560 n. Chr. aus 2 Mio. Steinen zusammengesetzte Landkarte ist die erste erhalten gebliebene, geografische Darstellung der Region. Das Bodenmosaik wurde erst im 19. Jh. wiederentdeckt. Obwohl die ursprünglich 16 mal 6 m große Karte stark beschädigt ist, erkennen Sie Unterägypten und das Nildelta, Jerusalem und Sidon im heutigen Libanon. Im Zentrum der Karte steht Jerusalem. Hier sind die Stadtmauern und das Damaskus-Tor gut zu sehen. Darüber hinaus entzücken die verspielten Tier- und Pflanzendarstellungen. Achten Sie darauf, wie an der Jordanmündung Fische vor dem salzigen Wasser des Toten Meers wegschwimmen. *Tgl. 8–19 Uhr | Eintritt 1 JD | King Talal Street*

ESSEN & TRINKEN

AYOLA CAFE

Hier sitzen Sie gleich gegenüber der St.-Georgs-Kirche auf dem Teppich an niedrigen Tischen und können ein Sandwich und einen frischen Fruchtsaft zu sich nehmen. *Tgl. | King Talal Street | Tel. 05 3 25 18 43 | €*

LOW BUDG€T

▶ Ein kurioses, verwinkeltes Hotel auf mehreren Stockwerken ist das *Dana Tower Hotel*. Schön ist die Terrasse, von der aus Sie das gesamte Dorf Dana **(118 B5)** ***(🕮 C9)*** im Blick haben. Buchen Sie das Zimmer mit Halbpension, da es in Dana keine Restaurants gibt (außer dem recht teuren Dana Guesthouse der RSCN). *7 Zi. | Tel. 03 2 27 02 26, | Reservierung Tel. 079 5 68 88 53 (Nabil) | dana_tower2@hotmail.com*

▶ Das kleine *Petra Pearl Restaurant* **(120 C1)** ***(🕮 B10)*** bietet ausgezeichnete *shawarma* (Hammelfleisch-Döner) an. *Von Petra kommend rechts ab vom Obelisk Circle*

HARET JDOUNA

Dieses wunderbare Lokal in der Nähe der St.-Georgs-Kirche besteht aus mehreren traditionellen Häusern, die um einen schattigen Innenhof liegen. Drinnen, im Hof und auf einer Dachterrasse gibt es gute jordanische Küche. *Tgl. | King Talal Street | Tel. 05 3 24 86 50 | €€*

AUSKUNFT

Auf dem Parkplatz des *Besucherzentrums* können Sie Ihren Wagen stehen lassen. Von hier aus erreichen Sie die meisten Sehenswürdigkeiten zu Fuß. *300 m vom Baladiya Circle | April–Okt. tgl. 8–19, Nov.–März tgl. 8–17.30 Uhr | Tel. 05 3 25 35 63*

ÜBERNACHTEN

MARIAM HOTEL

Zentral gelegenes Mittelklassehotel, mit gepflegtem Terrassenbereich und einem Swimmingpool. Familienzimmer

ZIELE IN DER UMGEBUNG

BERG NEBO ⭐ ● ❄

(116 B6) (*ℳ C5–6*)

10 km westlich von Madaba finden Sie einen der wichtigsten christlichen Pilger-

Badevergnügen in den heißen Thermalquellen von Hammamat Ma'in

mit bis zu vier Betten. Gutes Preis-Leistungsverhältnis. *57 Zi. | Aisha Um Al Mumeneen Street | Tel. 05 3 25 15 29 | www.mariamhotel.com | €€*

INSIDER TIPP ▶ SALOME HOTEL

Sehr sauber und ruhig, schöne Terrasse, exzellentes Preis-Leistungsverhältnis, ideal für Familien. *34 Zi. | Aisha Umm Al Mu'meneen Street | Tel. 05 3 24 86 06 | www.salomehotel.com | €€*

orte Jordaniens, den Berg Nebo. Von hier soll Moses nach dem Exodus das Gelobte Land gesehen haben. Bei klarer Sicht haben Sie einen überwältigenden Blick über das Tote Meer bis nach Jericho, und auch Jerusalem können Sie am Horizont auf dem Plateau erkennen. Besonders schön ist hier der Sonnenuntergang. Seit den Anfängen des Christentums entwickelte sich der 840 m hohe Berg zu einem Pilgerort. Die Franziskaner, die

1933 einen Teil des Berges kauften, entdeckten die Überreste einer dreischiffigen *Basilika* mit sehenswerten Bodenmosaiken aus dem 6. Jh.: Neben Tier- und Pflanzenmotiven sind im Jäger und ein Löwe sowie ein Hirte und eine Herde zu sehen. *Besucherzentrum Mai–Sept. 8–19, Okt.–April 8–16.30 Uhr | Eintritt 1 JD*

HAMMAMAT MA'IN ❄
(118 B1) (*⌘ C6*)

Eine kurvige Straße, die schöne Ausblicke bietet, führt in das *Wadi Zarqa Ma'in.* Seit der Römerzeit ziehen die **INSIDER TIPP** Thermalquellen Besucher und Rheumakranke an. Natürliche Steinbecken laden zum Bad im heißen Wasser ein, das sich auch aus einem 25 m hohen Wasserfall ergießt. Achtung: Das Wasser, das Schwefel, Soda und Magnesium enthält, kommt mit bis zu 60 Grad aus dem Boden. *Quellen tgl. 6–16 Uhr | Eintritt 15 JD* Das Luxushotel *Evason Ma'in Hot Spring and Six Senses Spa* wirkt etwas klobig, doch die Lage ist überwältigend. Wellnessangebote gleich im Paket buchen, einzeln wird es schnell teuer. Kostenloser Shuttle zum Toten Meer *(97 Zi. | Tel. 05 3 24 55 00 | www.sixsenses.com/Evason-Ma-In / €€€)*

HERODES-FESTUNG ❄
(118 B1) (*⌘ C6*)

Rund 30 Autominuten südlich von Madaba befindet sich beim Ort Mukawir auf einem Hügel die Festung des Herodes Antipas. Der Aufstieg wird durch natürliche Steintreppen erleichtert, aber man braucht festes Schuhwerk. Im Frühjahr und Sommer sollten Sie wegen der Sonne am besten ab 15 Uhr kommen. Vor Ort gibt es Toiletten, sehr einfache Restauration, Top-Parkmöglichkeiten. Auch als Ausgangspunkt für eine Wanderung ans Tote Meer geeignet. *Tgl. April–Okt. 8–18, Nov.–März 8–17 Uhr | Eintritt 2 JD*

UMM AR-RASAS ★ (118 C1) (*⌘ D6*)
Die antike Stadt Kastron Mefaa wurde schon in der Bibel erwähnt, von Römern bewohnt und schließlich von byzantinischen Christen mit Mosaiken verziert. Sehenswert ist die weitgehend zerstörte Stadt, ca. 32 km südlich von Madaba, sind vor allem die Bodenmosaiken in der *Stephanus-Kirche,* die außerhalb der Stadtmauer steht: Auf diesem größten Bodenmosaik des Landes sind 28 Städte Ägyptens, Jordaniens und Palästinas abgebildet. Figürliche Darstellungen von Menschen wurden von Bilderstürmern zerstört. Kurios ist der rechteckige, 15 m hohe Turm, der weder einen Eingang noch eine Treppe hat. Vermutlich wurde er für einen Eremiten erbaut, der oben auf der Säule lebte. Die Stätte gehört seit 2004 zum Unesco-Welterbe. Es gibt keine direkte öffentliche Verkehrsverbindung bis Umm ar-Rasas. Mit dem Bus fahren Sie von Madaba nach Dhiban, von dort weiter per Taxi, oder Sie kommen direkt mit dem Auto/Taxi von Madaba Richtung Dhiban, ab da Schildern folgen. *Besucherzentrum (meist nur WCs geöffnet) an der Stephanuskirche | tgl. 8–17 Uhr | Eintritt frei*

PETRA

DETAILKARTE AUF SEITE 122–123 (120 C1) (*⌘ B10*) ★ **Die Felsenstadt Petra ist Höhepunkt jeder Jordanienreise. Der Sandstein, der von Violett, Rot, Rosa, Gelb, Beige und Braun leuchtet, die tiefen Schluchten und Wadis sind an sich schon beeindruckend.**

Die Nabatäer haben ihre großartige Architektur in harmonischen Einklang mit dieser Natur gebracht: In den rosaroten Fels meißelten sie die Fassaden ihrer Tempel, Schatzkammern, Häuser und Gräber. Etwa 800 Monumente sind in Petra und Umgebung erhalten. Der Ein-

PETRA

gang zur Felsenstadt liegt im Dorf *Wadi Mussa*. Seit 2007 ist Petra eines der sieben „neuen Weltwunder". Die Initiative aus der Schweiz ist wissenschaftlich nicht unumstritten, doch in Jordanien ist man sehr stolz auf die Auszeichnung.

SEHENSWERTES

Die Sehenswürdigkeiten werden in der Reihenfolge des üblichen Rundgangs vorgestellt (*Besucherzentrum am Eingang zur Felsenstadt | sofern nicht anders angegeben: tgl. April–Okt. 6–18, Nov.–März 6–16 Uhr | Eintritt 50 JD für Nichtjordanier, gilt für alle Reisenden, die nicht über Eilat einreisen. Wer aus Eilat einreist und vorher nicht in Taba (Ägypten) war, zahlt 90 JD | www.petrapark.com/visitor-center*).

SIQ

Zunächst wandern Sie zum Eingang der engen Felsklamm, des Siq, der sich zwischen steilen, 100 m hoch aufragenden Felswänden hindurchschlängelt. Auf dem Weg dorthin sehen Sie rechts drei freistehende *Felswürfel,* vermutlich Blockgräber

aus dem 1. Jh. Da ihre Funktion nicht bekannt war, nannten die Beduinen sie „Djinn"-Blöcke, also Geistergräber. Gegenüber liegt das *Obeliskengrab* und darunter ein klassisches nabatäisches Gebäude mit drei Räumen *(Triklinium),* vermutlich eine Halle zur Totenverehrung. Der 1,2 km lange Weg durch den Siq, wahrscheinlich ein ehemaliges Flussbett, zeigt Spuren der nabatäischen Straßenpflasterung, an den Wänden sind Reste der Wasserleitungen zu sehen.

SCHATZHAUS (AL-KHAZNE)

Der erste Blick auf das Schatzhaus am Ende der Felsklamm ist absolut überwältigend. Aus dem Dunkel der immer enger werdenden Schlucht erblickt man unvermittelt zunächst einen Ausschnitt und schließlich die gesamte, 43 m hohe Fassade des Gebäudes. **INSIDER TIPP** **Frühmorgens**, wenn die Sonne die Fassade anstrahlt, leuchten die vielen Farben des Gesteins. Das Bauwerk entstand im 1. Jh. v. Chr. als Grabmal für einen nabatäischen König. Die kunstvoll gemeißelte Fassade zeigt nabatäische Götter.

Von den Nabatäern erbaut und von den Römern erweitert: das Theater in Petra

Seinen Namen verdankt das Gebäude der Urne auf seiner Spitze, in der die Beduinen wertvolle Schätze vermuteten.

THEATER

Am Schatzhaus geht die Schlucht in die Fassadenstraße über: aneinandergereihte Gebäude, wahrscheinlich Grabmale, mit schönen Steinmetzarbeiten. Schließlich gelangen Sie zum in Stein gehauenen ☆ *Theater*. Es wurde von den Nabatäern erbaut und von den Römern auf 7000 Plätze erweitert. Von den letzten Sitzreihen aus überblickt man den Talkessel.

KÖNIGSGRÄBER

Gegenüber dem Theater sind teilweise übereinander etwa ein Dutzend Gräber in den Fels gemeißelt. Ihre Fassaden gehören zu den beeindruckendsten der ungefähr 500 Grabmale Petras. Ob sie wirklich für Könige geschaffen wurden, ist nicht bekannt. Das kolossale *Urnengrab* hat einen Vorhof und eine große Haupthalle. Hier richteten die Byzantiner im 5. Jh. eine Kirche ein, wovon im Innenraum eine Inschrift berichtet. Daneben liegt das viel kleinere *Seidengrab*, das seinen Namen dem Reichtum der Farben verdankt: Das Gestein wirkt wie gemasert in Grau, Weiß, Blau und Rosa. Das *Korinthische Grab* hat schon viele Archäologen verwirrt: Der obere Teil ist eine Nachbildung des Schatzhauses, der untere Teil eine Kopie des Trikliniums vor dem Siq. Das danebenliegende *Palastgrab* ist die Nachahmung eines römischen Palastes mit vier Toren und 18 Säulen. Es ist eines der größten und vermutlich jüngsten Monumente von Petra.

KOLONNADENSTRASSE

Hier befinden Sie sich im – relativ stark zerstörten – Herzen der Stadt. Die Römer pflasterten diese Hauptstraße im 2. Jh., gesäumt war sie von Geschäften. Vom Theater kommend sehen Sie rechts am Beginn der Kolonnadenstraße die Reste des *Nymphäums*. Auf der kleinen Anhöhe rechts vom Cardo Maximus werden noch immer eine *byzantinische Kirche* und der *Tempel der geflügelten Löwen* ausgegraben. Der kleine Abstecher lohnt sich, weil die Kirche aus dem 6. Jh. `INSIDER TIPP`▶ schöne Bodenmosaiken besitzt. Auf den Säulen des Tempels thronten einst geflügelte Löwen. Im Inneren ist die nabatäische Fruchtbarkeitsgöttin Atargatis zu sehen, wie sie auf einem Delphin reitet.

QASR AL-BINT FARAUN

Was die Beduinen sich nicht erklären konnten, brachten sie mit den Pharaonen in Verbindung. Das Qasr al-Bint Faraun (Schloss der Tochter des Pharaos), das am Ende der Kolonnadenstraße links liegt, ist jedoch ein Tempel für die nabatäische Hauptgöttin Dushara. Dieses wichtigste sakrale Bauwerk Petras ist das Einzige, das als frei stehendes Gebäude errichtet wurde. In ihm verbinden sich orientalische und griechisch-römische Architektur.

MUSEUM

Das Museum neben dem *Forum Resthouse* am Ende der Kolonnadenstraße zeigt eine schöne Sammlung von Stelen, Öllampen, Münzen und Krügen. *April–Sept. tgl. 8–19, Okt.–März 8–16 Uhr | Eintritt frei*

BERGTOUREN

In den umliegenden Bergen sind weitere Monumente versteckt. Sie sind nur über teilweise steil ansteigende Wege zu erreichen, doch die Mühe lohnt sich. Wer will, kann sich einen Esel mieten.
Kloster (Ed-Deir): Diese Tour ist Pflicht, auch wenn sie zu den anstrengendsten gehört. Hinter dem *Forum Resthouse* am Ende der Kolonnadenstraße beginnt eine Treppe mit 788 Stufen. Wenn man nach

einer guten Stunde Ed-Deir erreicht, verschlägt es einem den noch verbliebenen Atem: Ein imposantes, gut erhaltenes Monument, 40 m hoch und 47 m breit, ist hier mitten in der Natur in den gelblichen Stein gehauen. Eine riesige Urne krönt das Dach. Die Einsamkeit des Ortes macht den besonderen Charme aus, auch

Obelisk an der Opferstätte in Petra

wenn das Monument weniger fein gearbeitet ist als das Schatzhaus. Wandern Sie noch die paar Meter zu dem links liegenden ☼ INSIDER TIPP ▶ Aussichtspunkt: Das Wadi Araba liegt zu Ihren Füßen.

☼ Opferstätte: Etwa 200 m vor dem Theater (vom Siq kommend) zweigt ein kleiner Weg ab, der nach halbstündigem Aufstieg zum Opferplatz führt. Auf dem 1035 m hohen Gipfel stehen zwei Obelisken (7 m hoch) zu Ehren nabatäischer Gottheiten. Um sie zu schaffen, wurde der gesamte Berggipfel rundherum weggemeißelt. Auf einem Felsvorsprung liegt der Opferplatz. Die zwei Altäre wurden wahrscheinlich für Tieropfer genutzt. Deutlich

zu erkennen sind die Abflussrinnen für das Blut. Von hier oben haben Sie den besten Blick über die im Talkessel gelegene Stadt Petra. Beim Abstieg nach Süden kommen Sie an weiteren Sehenswürdigkeiten vorbei: dem *Löwenbrunnen* (aus dem Maul des Löwen floss einst Wasser, das in die Stadt geleitet wurde), dem *Gartengrab* und dem *Grabmal des römischen Soldaten* (benannt nach den drei Statuen über dem Eingang in römischer Rüstung). Sie erreichen Petra beim Qasr al-Bint Faraun.

ESSEN & TRINKEN

Im antiken Petra bietet nur das *Forum Restaurant* ein teures Mittagessen. Picknick mitnehmen!

CLEOPATRA
Jordanische Küche in sympathischer Atmosphäre. Probieren Sie *maglouba*, eine Spezialität aus Hammel, Reis und Kartoffeln. *Wadi Mussa, Hauptstraße* | €

INSIDER TIPP ▶ PETRA KITCHEN ●
In diesem Restaurant legen die Gäste unter Anleitung von Chef Eid Nawafleh selbst Hand an: Schnellkurse in arabischer Küche zu erschwinglichen Preisen. Anmeldung erforderlich. *Tel. 03 2 15 46 66* | *info@jordantours-travel.com* | €€

AM ABEND

Petra bei Nacht: Ein Abend in den Ruinen von Petra, mit Kerzenlicht, Geschichtenerzählern und beduinischer Musik – unvergesslich! *Ticket 12 JD* | *drei Veranstaltungen pro Woche, aktuelle Termine am Besucherzentrum erfragen*
Wer genug gesehen hat, kann einen Drink in der INSIDER TIPP ▶ Cave Bar im Forum Hotel zu sich nehmen – in einer Höhle aus nabatäischer Zeit. Besonders nett für einen Absacker nach einer Nacht-

wanderung. Die ● Al Multaqa Lounge im luftig-hellen, reich verzierten Atrium des exklusiven Mövenpick Resorts ist ein märchenhafter Ort für einen Cocktail *(beide Wadi Mussa, am Eingangstor nach Petra)*.

ÜBERNACHTEN

INSIDER TIPP ▶ AMMARIN BEDOUIN CAMP

10 km nördlich von Petra tauchen Sie ein in die Welt der Ammarin. Ein kleines Museum vermittelt die Lebensweise der Wüstenbewohner. Das Camp ist naturnah-rustikal, und einige können etwas Englisch. Längeres Kameltrekking und kürzere Wandertouren werden angeboten, eine kleinere archäologische Fundstätte kann gleich nebenan erkundet werden (Siq Albarid). *Tel. 079 9 75 55 51 | www. bedouincamp.net | €€*

HOTEL AMRA PALACE

Gepflegtes, sauberes Mittelklassehotel in Wadi Mussa. Das ● türkische Bad ist nach einem langen, staubigen Wander-

tag ein Genuss (für Gäste 13 JD, sonst 20 JD), Indoor-Swimmingpool. *72 Zi. | Tel. 03 215 70 70 | www.amrapalace.com | €€*

FORUM GUEST HOUSE HOTEL

Schönes, solides Mittelklassehotel. Helle, freundliche Zimmer, gutes Frühstück, angenehmes Ambiente. Weiteres Plus: Sie dürfen kostenlos den Pool des benachbarten Crowne Plaza Hotels nutzen. Frühzeitig buchen! *147 Zi. | Tel. 03 2 15 62 66 | www.crowneplaza.com | €€–€€€*

SHARAH MOUNTAINS HOTEL

Sauber, klimatisiert, zentral an der Hauptstraße. Fragen Sie nach Zimmern, die nach hinten liegen. *25 Zi. | Tel. 03 2 15 72 94 | sharahhostel@yahoo.com | €€*

TAYBET ZAMAN ⚜

Als traditionelles Dorf gestaltete Anlage. Besonders schön: Zimmer 401 mit Bett unter einem Kuppeldach und 406 mit Ausblick von der Veranda). *105 Zi. | Taybeh, ca. 9 km südlich von Petra | Tel. 03 2 15 01 11 | www.jordantourismresorts.com | €€€*

JEAN LOUIS BURCKHARDT

Wer das Weltwunder Petra besucht, kann sich kaum vorstellen, dass man in Europa jahrhundertelang kaum etwas über die Felsenstadt und die Hochkultur der Nabatäer wusste. Nur wenige Forscher wagten es, die dünn besiedelten, von Beduinenstämmen beherrschten Gebiete östlich des Jordans zu bereisen. Einer von ihnen war der Universalgelehrte und Naturforscher Jean Louis Burckhardt. 1784 in Lausanne geboren, studierte er zunächst die arabische Sprache, Jura und Mathematik, um ab 1809 im Auftrag der britischen Afrika-Vereinigung den Nahen Osten, Ägypten und den Sudan zu bereisen. Das Vertrauen der Einheimischen gewann der abenteuerlustige Akademiker, indem er zum Islam konvertierte und sich „Sheikh Ibrahim" nannte. Burckhardt pilgerte sogar nach Mekka. Auf seinen Akzent angesprochen erzählte er, er stamme aus Indien. Im Sommer 1812 schaffte Burckhardt es als einer der ersten Europäer, die Stadt Petra zu besuchen. Seine Reiseberichte führten dazu, dass die Europäer die immense kulturhistorische Bedeutung der Region erkannten.

DER SÜDEN

Im äußersten Süden Jordaniens ist Schluss mit der Besichtigung kulturhistorischer Monumente. Keine weiteren Tempel, Kirchen oder Burgen fordern die Aufmerksamkeit der Besucher. Wie zur Belohnung darf man sich entspannen und in dieser Region ganz der Natur hingeben: der einzigartigen Wüstenlandschaft des Wadi Rum und den Wellen des Roten Meers mit seiner spektakulären Unterwasserwelt in Aqaba – nur eine Autostunde voneinander entfernt. Das Wadi Rum („Wadi Ramm" ausgesprochen) begeistert Wüstenfans, auch wenn sie schon weit herumgekommen sind: Steil aufragende Berge, die an Klippen erinnern, erheben sich unvermittelt aus dem rötlichen Wüstensand. Wer den Film „Lawrence von Arabien" gese-

hen hat, ahnt zumindest, was ihn erwartet. Teile des Meisterwerks wurden im Wadi Rum an den Originalschauplätzen gedreht.

Wenn man das Gefühl hat, dass einem der feine Wüstensand in allen Poren sitzt, ist es Zeit, nach Aqaba aufzubrechen. Das erste Bad im kristallklaren Wasser des Roten Meers ist eine unvergessliche Wohltat, auch wenn sich das von Naturschönheiten verwöhnte Gemüt an den Containerhafen und die Industrieanlagen erst gewöhnen muss. Doch beim Schnorcheln oder Tauchen in den Korallenriffen, deren Reichtum an Fischen und Farben seinesgleichen sucht, ist man schnell wieder versöhnt. Mit Glück treffen Sie sogar Delfine oder Wale im Golf von Aqaba an.

Bild: Taucher im Roten Meer

Roter Wüstensand und türkisblaues Wasser – vom Sternenhimmel über dem Wadi Rum in die Unterwasserwelt des Roten Meers

AQABA

(120 B5) (🗺 A13) **Aqaba (100 000 Ew.)** ist der einzige Hafen und Meereszugang Jordaniens. Der Küstenabschnitt ist 26 km lang – aber auch nur, weil Saudi-Arabien 1965 in einem Landtausch 12 km dazugeschenkt hat.

Auf der anderen Seite der Bucht liegt der israelische Badeort Eilat. Der Platzmangel erklärt, warum Touristenstrände, Containerhafen und Phosphatindustrieanlagen

CITY **WOHIN ZUERST?**
Royal Yacht Club: Eintritt frei, traumhafte Aussicht, Top-Küche zu zivilen Preisen, zentral gelegen in der Nähe zum Tourist-Office – der Royal Yacht Club ist der perfekte Punkt, um ein Gefühl für Aqaba zu bekommen. Bewachte Parkplätze gibt es zwischen dem Ayla-Kreisverkehr und der Touristen-Information oder direkt am Yachthafen.

in unmittelbarer Nähe zueinander liegen. Die Qualität des Wassers scheint dadurch jedoch genauso wenig zu leiden wie die Korallenriffe vor der Küste.

Der Containerhafen war in der Vergangenheit eine zuverlässigere Einnahmequelle als der Tourismus. Damit Aqaba in Zukunft nicht mehr von einem einzi-

am Abend belebter ist als andere jordanische Städte, z. B. an der mit Palmen gesäumten Corniche. In Aqaba herrscht selbst im Winter ein mildes Frühlingsklima, im Sommer ist es dagegen sehr heiß. Die durchschnittliche Wassertemperatur liegt bei 23 Grad – ideal zum Schnorcheln oder Tauchen.

Aqaba am Roten Meer ist der einzige Hafen und Meereszugang Jordaniens

gen Wirtschaftszweig abhängt, hat die Entwicklungsagentur ASEZA ein ganzes Bündel von Projekten aufgelegt: Neben den zahlreichen Luxusresorts und Fünfsterne-Hotels werden Straßen und Wohnungen gebaut. Der Containerhafen soll in den kommenden Jahren größtenteils nach Süden an die saudische Grenze verlegt werden. Um junge Menschen in die Stadt zu holen und die Abwanderung zu bremsen, wurden mehrere Hochschulen angesiedelt: unter anderem eine Zweigstelle der staatlichen University of Jordan und die private Filmhochschule RSICA (Red Sea Institute for the Cinematic Arts). Trotz allem hat Aqaba noch immer den Charakter einer ruhigen Kleinstadt, die

SEHENSWERTES

AQABA MARINE PARK/AQUARIUM

Der Aqaba Marine Park liegt am South Beach 7 km südlich vom Stadtzentrum, bei der Anlegestelle für die Passierfähre. Es gibt hier Attraktionen für alle Altersgruppen. Ein Highlight ist Birdwatching. Das schöne Aquarium vermittelt spannende Einblicke in die Unterwasserwelt des Roten Meers – interessant für alle, die nicht schnorcheln oder tauchen. *Besucherzentrum tgl. 8–17 Uhr | Tel. 03 2 03 58 01 und 03 2 03 58 03 | Aquarium Sa–Do 8–15.45 Uhr, Fr 8–17 Uhr | Eintritt 3 JD | Marine Park, im Zentrum für Meeresforschung | www.aqaba.jo*

ARCHÄOLOGISCHES MUSEUM

Hinter dem Fort, in der ehemaligen Residenz des Sherif Hussein, des Ururgroßvaters von König Abdallah II., sind Gegenstände aus dem islamischen Mittelalter zu sehen, die in Ayla und im Wadi Rum gefunden wurden. *Tgl. April–Okt. 8–19, Nov.– März 8–16 Uhr | Corniche | Eintritt 1 JD*

AYLA

Überreste der islamischen Stadt sind direkt gegenüber vom Mövenpick Hotel zu besichtigen. Das Gelände ist tagsüber frei zugänglich. *tgl | Corniche | Eintritt frei*

FORT

In dem von den Mamelucken im 16. Jh. erbauten Fort schlug König Faisal nach seiner Einnahme Aqabas 1917 sein Lager auf. Ursprünglich wurde der Bau als Karawanserei für ägyptische Mekkapilger errichtet. Am südlichen Ende der Corniche. *Tgl. 7.30–19 Uhr | Eintritt frei*

ESSEN & TRINKEN

BLUE BAY ●

Köstliche Fischgerichte, einfallsreiche Salate, lässiges Ambiente, nette Bedienung – hier stimmt alles. Einen Hauch teurer als die Konkurrenz, aber zu Recht. Nach dem Essen kommt ein Abstecher zur „Eisklappe" des Mövenpick-Hotels gut. *Tgl. | As-Sadah Street | Tel. 03 2 07 07 55 | €€*

INSIDER TIPP ▶ CAPTAIN'S RESTAURANT

Exzellentes Fischrestaurant im Captain's Hotel auf ☼ hübscher Terrasse. Kein Alkohol. *Tgl. | Corniche, Al-Nahda Street | Tel. 03 2 01 69 05 und 03 2 06 07 10 | captains-jo.com | €€*

FLOKA

Sehr gutes Fischrestaurant neben dem Alcazar Hotel, in dem man sich den Fisch am Tresen selbst aussuchen kann. Mit Terrasse. *Tgl. | An-Nahda Street | Tel. 03 2 01 66 36 | €€*

JAFRA AQABA

Zünftiges arabisches Essen, Shisha und italienischer Cappuccino. Urgemütlich mit seinem Mix aus rustikaler Nostalgie und Pop-Art. Traditionelles arabisches Frühstück mit Tee, Thymianpizza und Frischkäsespezialitäten, traditioneller Auflauf mit Joghurt, arabischem Brot und Kichererbsen. Nachts eine der angesagten Adressen für Shisha. *Tgl. 8.30–2 Uhr | Sa'adeh Street | Tel. 079 7 50 00 41*

ROMERO

Italienische, japanische und orientalische Küche im Royal Yacht Club. Von der ☼ Terrasse hat man einen wunderbaren Blick auf den Hafen. *Tgl. | Royal Yacht Club, Corniche, Tel. 03 2 02 24 64 | €€€*

EINKAUFEN

Souvenirs und gute Fachgeschäfte gibt es an der Zahran-Straße, auch Post-Office-Street genannt. Hier finden Sie im Bookshop *Redwan* Lesestoff in Deutsch und Englisch. Auch die Al Saadah-Straße (Pizza Street) ist eine schöne Shopping-Meile. Am Fort hat die Frauenkooperative *Souk Ayadi* eine Filiale. Die Einkaufszentren bieten chinesische Massenware.

⭐ **Coral Bay Hotel & Royal Diving Club**
In Aqaba: Der beste Spot für Schnorchler liegt an diesem Strand → S. 81

⭐ **Wadi Rum**
Stille der Wüste und Beduinenkultur fernab der modernen Zivilisation → S. 83

MARCO POLO HIGHLIGHTS

FREIZEIT & SPORT

BOOTSTOUREN

Bei *Sindbad Cruises* können Sie die *Aladdin 24* mieten, ein schmuckes, 30 m langes **INSIDER TIPP** Segelschiff aus Holz, um eine Tour durch die Bucht zu machen. Oder Sie starten zu einem Tagesausflug per Motorboot zur *Pharaonen-Insel*. Sie werden an Bord bekocht. *Sindbad Maritime Transportation | Tel. 03 2 05 00 77 | www.sindbadjo.com*

INSIDER TIPP JANNA SPA

Hier erwartet Sie die gesamte Palette orientalischer Wellness. Besondere Pluspunkte: die unaufdringliche Bedienung und die erschwinglichen Preise. Nur für Frauen. *Sa–Do 9–21, Fr 12–21 Uhr | Al-Saadah St. | Reservierung empfohlen | Tel. 03 2 05 19 91 | www.janna-spa.com*

TAUCHEN

Aqaba Adventure Divers: PADI-Ausbildung 5*. Eine der besten Adressen in Aqaba, 10 km südlich oberhalb der Uferstraße. Übernachtung möglich, auch Vollpension. Wer nicht tauchen will, kann sich für 10 JD am Tag an den Pool legen. *20 Zi | Tel. 09 5 84 37 24 | www.aqaba-diving.com | €€*
Dive Aqaba: Alteingessener Club im Qidra Hotel (s. Übernachten). Im Angebot ist **INSIDER TIPP** Nachttauchen mit Unterwasserkamera. *Tel. 03 2 01 88 83 | www.diveaqaba.com*
Royal Diving Club: Etablierter Tauchclub 17 km südlich. Vom Ponton am Strand aus können Sie sofort lostauchen. *Southern Coastal Road | Tel. 03 2 01 55 55 und 03 2 01 70 35 | www.rdc.jo*
Sea Star Watersports: In diesem Club unterrichten einige der besten Tauchlehrer der Stadt. *Al Saada Street | Tel. 03 2 01 83 35 | www.aqabadivingseastar.com*

STRÄNDE

Die ● öffentlichen Strände befinden sich südlich des Stadtzentrums. Zwischen Abschnitt 3 und 4 (Karte unter *www.aqaba.jo/en/node/1485*) liegt das Besucherzentrum. Toiletten, Duschen, Umkleidekabinen und fest installierte Sonnenschirme sind kostenlos. Freitags und samstags kann es sehr voll werden. Viele Hotels und Tauchclubs bieten gegen Eintritt (ab 8 JD pro Tag) Zugang zu ihren Privatstränden. Liege und Handtuch sind meist inbegriffen, in Fünf-Sterne-Hotels auch ein Gutschein für Essen und Getränke.

BARRACUDA DIVING CLUB 🌊

Beliebter Tauchclub an der Südküste. Internationale Standardausbildungen (PADI, BSAC) sowie individuell zugeschnittene Exkursionen, zu denen man die eigene Ausrüstung mitbringen kann. Von Aqaba-Zentrum fährt ein Shuttle-Bus, erfragen Sie die Zeiten vorab. *Strandzugang mit Liege 8 JD pro Tag, Kinder 5 JD | Tel. 03 2 06 05 01 | www.goaqabadive.com*

CORAL BAY HOTEL & ROYAL DIVING CLUB ⭐ 〰️

Ein Ponton bietet die beste Möglichkeit für Schnorchler, direkt über Korallenbänken ins Wasser zu gelangen. Schöner Strand, von dem man aber nicht direkt ins Wasser gehen darf, weil die Korallen bis ans Ufer reichen. *Eintritt 10 JD, für Taucher frei | 69 Zi. | Southern Coastal Road | Tel. 03 2015555 | www.rdc.jo | €€€*

AM ABEND

INSIDER TIPP ▶ 35° EAST GRILL BAR

angesagte Location für Nachtschwärmer: Essen, kühles Bier, Shisha und heiße Tanzparties. Donnerstagnachts Disko mit DJ, an anderen Tagen Salsa/Latin oder Karaoke. Billard, Übertragung von Sport-Ereignissen. *Tgl. | Aqaba Gateway, 2. Etage | Tel. 079 5 69 24 74 oder 03 2 03 06 26*

ROVERS RETURN

Auf der 〰️ Terrasse können Sie bei einem Drink den wunderbaren Blick über die nächtliche Bucht genießen. *Tgl. | Im Gateway am Ayla Circle | Tel. 03 2 03 20 30 | www.roversreturnjordan.com*

ÜBERNACHTEN

Die Seeseite wird von den Fünfsternehotels beherrscht. Diese Hotels verfügen über einen eigenen Strand. Billigere Hotels liegen in der Stadt. Teilweise stehen Shuttles zur Verfügung, um die Gäste an Strände im Süden zu bringen.

INSIDER TIPP ▶ AL QIDRA HOTEL AQABA

Sehr sauber, gute Betten, freundliches Personal. Ruhig und zentral. Klimatisierte Zimmer (bis zu fünf Betten). Vermittlung von Tauchkursen. *32 Zi. | Al-Saadah Street | Tel. 03 2 0142 30 und 03 202 25 55 | www. alqidrahotelaqaba.com | €€*

BEDOUIN MOON VILLAGE 〰️

Großzügiges, ruhiges Hüttendorf in Strandnähe, für Individualreisende und Familien, ca. 12 km vom Stadtzentrum. Einfach eingerichtete, saubere Chalets mit Klimaanlage, Restaurant, großer

Das Strandleben am Roten Meer in Aqaba bietet Entspannung nach all der Kultur

Pool, Beduinen-Gemeinschaftszelt mit Meerblick, Schnorchelverleih. Die Besitzer organisieren Touren nach Wadi Rum und Petra. *12 Chalets mit Bad, davon 3 EZ, 5 DZ, 4 Chalets für 5–8 Personen, 2 DZ mit Gemeinschaftsbad | Southern Coastal Road | Tel. 03 2 01 55 25, mobil 079 5 38 19 79 | www.bedouinmoonvillage.com | €€*

CAPTAIN'S HOTEL

Solides Mittelklassehotel im Stadtzentrum. Schön eingerichtete, helle Zimmer mit Bad, Klimaanlage, TV. Aufzug, Parkplätze, kompetentes Personal, faire Preise. Den Besitzern gehören auch ein Restaurant und ein Wüstencamp in Wadi Rum. *64 Zi. | Nahda Street | Tel 03 2 06 07 10 | www.captains-jo.com | €€*

KEMPINSKI AQABA

Jüngste Fünfsterne-Herberge im Zentrum. Prachtvoller Ausblick auf den Golf von Aqaba und den Sinai. Schön für Reisende ohne Kinder und Geschäftsleute. *200 Zi | King Hussein Street | Tel. 03 2 09 08 88 | www.kempinski.com/en/aqaba | €€€*

MÖVENPICK RESORT & SPA TALA BAY

Relativ neue Hotelanlage direkt am Roten Meer. Schön für Familien und Sportbegeisterte. Weitläufige, geschmackvoll gestaltete Anlage mit Aqualandschaften und Wellnessangeboten, 150 m breiter Hotelstrand, hauseigenes Korallenriff, Tauchschule, Fitness-Center, Kinderanimation. Italienische und arabische Küche, in der Open-Air-Lounge am Meer tagsüber Wasserpfeife und Cocktails, abends Bauchtanz. Tanzbar bis 3 Uhr früh geöffnet. *306 Zi, davon 145 Familienzimmer für bis zu 5 Personen | Tel. 03 2 09 03 00 | www.moevenpick-hotels.com | €€€*

INSIDER TIPP ▶ MY HOTEL

Mittelklassehotel mit großem Pool und Restaurant, zentral (neben dem Floka Restaurant, Nähe Jett-Busstation). Etwas steril, aber sauber und komfortabel, freundliches Personal. Gäste können den Strand des nahegelegenen Interconti-Hotels für 15 JD pro Tag mitnutzen. *63 Zi., davon 5 Suiten und 2 Familienzimmer | Al-Nahda-Street | Tel. 03 2 03 08 90 | www.myhotel-jordan.com | €€*

RADISSON BLUE TALA BAY RESORT

Nichtgäste können Strand und Pool für 30 JD nutzen, wobei ein Voucher im Wert von 20 JD für Essen und Getränke enthalten ist. *336 Zi. | Tel. 03 2 09 07 77 | info.talabay.aqaba@radissonblu.com | €€€*

RAED HOTEL SUITES

Zentral, ruhig, sauber, freundliches Management. Zimmer für eine bis fünf Personen, einige (vierte Etage) mit Meerblick und/oder Balkon. Zimmer gefliest, Klimaanlage, Kühlschrank. Satelliten-TV,

WIFI kostenlos. *57 Zi | Saada Street | 03
2 01 86 86 | www.raedhotel.com | €€*

AUSKUNFT

*Tourist Information Center | tgl. 8–18 Uhr |
Al-Hammamat Al-Tunisiyya Street | Tel. 03
2 03 53 60 | www.aqaba.jo*

WADI RUM

(120 C4–5) (🗺 B–C 12–13) ⭐ „Uner-
messlich, vom Echo widerhallend, gött-
lich" – so hat Lawrence von Arabien
diese Wüstenlandschaft bezeichnet.

Vor 30 Mio. Jahren wurden die Gesteins-
formationen aus tieferen Erdschichten
emporgeworfen, teils ragen sie wie
Säulen oder Pfeiler aus der Erde. Die
Felsformation links vor dem neuen Besucherzentrum heißt auch „Die sieben
Säulen der Weisheit", benannt nach der
Autobiografie von T. E. Lawrence. Die
durch die großen Temperaturunterschiede zwischen Tag und Nacht bedingte
extreme Erosion hat das Massiv weiter
zerklüftet und zu phantastischen Formen
aufgesprengt.

Das Wadi Rum gehört zum Territorium
des Howeitat-Stamms. Ein Teil der
Howeitat lebt im Dorf *Rum*. Neuerdings
möchte die Zentralregierung auch an
den Touristen im Wadi Rum mehr mitver-
dienen. So empfängt die Besucher etwa
6 km vor dem Dorf ein riesiger Parkplatz.
Im Besucherzentrum buchen Reisende
eine festgelegte Tour und bekommen einen Beduinen als Führer zugeteilt. Da die
Bewohner des Wadi Rum nicht wollen,
dass Rivalen aus dem nahe gelegenen
Disi in ihrem Revier arbeiten, wurden verschiedene Zonen geschaffen. Achten Sie
darauf, dass Sie eine Tour wählen, die in
Rum beginnt, die Tour ist landschaftlich
besonders spektakulär. Das können Sie
sicherstellen, indem Sie den Nabatäer-
Tempel auf Ihre Wunschliste setzen. Auf
jeden Fall sollten Sie eine Nacht im Wadi
Rum im Beduinenzelt verbringen. Der
Sonnenuntergang und der Sternenhimmel sind traumhaft.

In den Felsschluchten des Wadi Rum sind Jeeps ein Hauptverkehrsmittel

WADI RUM

SEHENSWERTES

AIN SHELAALI (LAWRENCE-QUELLE)
Es gibt nabatäische Inschriften, sonst ist der Ort wenig aufregend. Wenn Sie ein Stück klettern, haben Sie einen ↘ schönen Blick über das Wadi Shelaali.

BURDAH-FELSENBRÜCKE (ROCK BRIDGE)
Tief im Wadi versteckt hat sich diese natürliche Felsenbrücke in etwa 80 m Höhe gebildet. Mutige klettern hinauf und lassen sich fotografieren, was aber nicht ganz ungefährlich ist.

KLEINER SIQ
Enge Felsschlucht mit natürlichen Wasserbecken. *Jabal Khazali*

LAWRENCE HOUSE
Ein Haufen Steine erinnert an die Unterkunft, in der der britische Abenteurer übernachtete. Die nahe gelegene rote Sanddüne ist einen Abstecher wert.

NABATÄER-TEMPEL
Etwa 500 m hinter dem Dorf am Eingang zum Wadi Rum sind die Reste eines Nabatäer-Tempels (1. Jh.) zu sehen, der später von den Römern vergrößert wurde.

INSIDER TIPP ▶ ORYX-GEHEGE
In diesem Gehege können Sie die weißen Oryx-Antilopen bewundern, die durch die Jagd fast ausgerottet worden waren. 2002 wurde hier eine kleine Herde dieser Säbelantilopen wieder angesiedelt.

UMM FROUTH
Die sogenannte Kleine Brücke ist für Fotos genauso geeignet wie die Burdah-Felsenbrücke. Da dieser Felsbogen sich nur etwa 20 m über dem Boden erhebt, ist er leichter zu besteigen. Schwindelfrei sollte man aber dennoch sein.

ESSEN & TRINKEN

Im Besucherzentrum gibt es mit dem Wadi Rum Gate Restaurant ein sehr gutes, klimatisiertes, aber nicht ganz billiges Restaurant *(Tgl. | Tel. 03 2 06 07 10 | €€)*. Daneben stehen einige kleine Restaurants zur Auswahl. Am besten ist es, sich von Beduinen im Zelt bekochen zu lassen.

FREIZEIT & SPORT

BALLONFAHRTEN ●
Der Royal Aero Sports Club of Jordan bietet professionell geführte Heißluftballonfahrten an. Termine werden individuell vereinbart und hängen von den Wetterbedingungen ab. Dauer inkl. Transport im Wadi Rum ca. 3 Std. *Tel. 079 8 70 66 22 | www.royalaerosports.com*

KLETTERN
Zum Klettern sollten Sie einen der lokalen Führer mitnehmen; Vermittlung im Besucherzentrum oder direkt: *Attayak Aouda, mobil 079 5 83 47 36, attayak@ rumguides.com | Attayak Ali, mobil 079 5 89 97 23, info@bedouinroads.com | Saleem Ali, mobil 079 6 48 28 01, saleem ali@jordantracks.com | Attayak Zalabiya, mobil 079 5 60 96 91*

REITEN
Der einzige Pferdeverleih liegt etwa 200 m rechts von der Straße ins Wadi Rum, vor der Kreuzung nach Disi. Ausritte und Tagestouren, auch mit Übernachtung. *Atallah Sweilhin | Tel. 03 2 03 35 08,*

TOUR MIT BEDUINEN
Es gibt eine Möglichkeit, direkt mit einem Beduinen Ihren Aufenthalt zu organisieren. Senden Sie mindestens 48 Stunden vor dem Besuch eine E-Mail (in Englisch), damit er die Erlaubnis der Behörden einholen kann. Das lohnt sich, wenn Sie in

Abenteuerurlauber finden im Wadi Rum im roten Felsen schöne Kletterrouten

einem bestimmten Beduinenlager übernachten wollen. Einen der schönsten Standorte hat das ❄ INSIDER TIPP *Lager von Zidane Al-Zalabieh (Tel. 03 2 03 41 77 | zedn_a@yahoo.com)*, der gelegentlich islamische Poesie vorträgt. Wenige Kilometer weiter hat sein Bruder *Eid* sein Lager *(Tel. 03 2 03 53 21eidsabah@yahoo.com)*. Die Brüder kennen eine spannende Tour zum *Wadi Sabet* (auch *Tariq Abu Gaspard)*. Auf dem ❄ Berg hat man einen Rundblick bis zu den saudischen Bergen, im Tal verläuft eine enge Schlucht.

ÜBERNACHTEN

ÜBERNACHTEN IM BEDUINENZELT

Übernachten Sie im Wadi Rum im Beduinenzelt in der Wüste *(mit Abendessen und Frühstück 35 JD pro Person)*. Das können Sie im Besucherzentrum arrangieren. Nehmen Sie aus hygienischen Gründen Bezüge für Kissen und Bett mit, im Winter ist ein Schlafsack sinnvoll. Bei Disi wurden Beduinenlager mit elektrischem Licht und Disko aufgebaut. Die Stille der Wüste erleben Sie dort nicht.

Eine schöne Adresse ist das INSIDER TIPP *Captains Desert Camp (Tel. 03 2 016 05 | www.captains-jo.com)*. Auch das ● *Bait Ali Camp* bietet Wüstenfeeling mit Zeltübernachtung und Komfort. Ausflüge in die Wüste mit Jeep oder Quad, Reittouren oder Heißluftballonfahrten *(mobil 079 5 54 81 33 und 077 7 54 81 33 | www.baitali.com)*.

ZELTLAGER AM RESTHOUSE

Die einzige Übernachtungsmöglichkeit in Rum ist das Zeltlager am Resthouse. Zweimannzelte stehen hier wenig romantisch neben dem Parkplatz. *30 Zelte für je zwei Personen | Tel. 03 2 018 86 7 | €*

AUSKUNFT

Besucherzentrum am Eingang zum Wadi Rum | tgl. 8–19 Uhr | Tel. 03 2 09 06 00 | Eintritt 5 JD | Mitnahme des eigenen Pkw 20–35 JD pro Tag | Pkw mit Vierradantrieb und Führer (für bis zu sechs Personen): für einen halben Tag 70 JD, für einen ganzen Tag mit komplettem Besuchsprogramm 80 JD | Kamelritt halber Tag 25 JD

AUSFLÜGE & TOUREN

Die Touren sind im Reiseatlas, in der Faltkarte und auf dem hinteren Umschlag grün markiert

1 AUF DEN SPUREN DER BIBEL

In Jordanien dient die Bibel auch als Reiseführer. Im Alten und Neuen Testament sind etwa 100 Orte genannt, die auf dem Gebiet des haschemitischen Königreichs liegen. Die Namen der Propheten sowie anderer Verkünder der monotheistischen Religionen sind eng mit der Landschaft östlich des Jordans verknüpft. Entlang der Jordansenke, auf den Anhöhen über dem Toten Meer und bis ins Wadi Araba kann man auf den Spuren der Gründer von Judentum und Christentum wandeln. Eine Tour zu den wichtigsten Stätten können Sie von Amman aus an einem Tag machen (150 km).

Die Taufstätte Jesu → S. 59 (auf Arabisch *Al-Maghtas*) im Jordantal ist Ausgangspunkt dieser Tour durchs Heilige Land. Von Amman aus erreichen Sie das große Areal in etwa 40 Minuten mit dem Auto (50 km): Sie fahren in Richtung Totes Meer, bis es am Ende nicht mehr geradeaus weitergeht. Links liegt das Tote Meer → S. 60, rechts geht es zur Taufstätte. Hier soll Bethanien liegen, der Ort, an dem Johannes der Täufer lebte und Jesus taufte („Bethanien jenseits des Jordan, wo Johannes taufte", Johannes 1,28). Hierher soll Jesus Jahre später zurückgekehrt sein, so heißt es bei Johannes 10,40: „... und zog hin wieder jenseits des Jordan an den Ort, da Johannes zuvor getauft hatte, und blieb allda." Der Ort hat heiligen Charakter, seit im

Bild: Felsenstadt Petra

Touren durch Jordanien – erleben Sie biblische Stätten, die historische Region Balqa, das neuere Amman und seltene Naturwunder

9. Jh. v. Chr. der Prophet Elias hier lebte. Die Bibel erzählt, dass Elias das Wasser des Jordans teilte und den Fluss trockenen Fußes mit seinem Nachfolger, dem Propheten Elisa, überquerte, bevor er in den Himmel emporstieg (2. Buch Könige 2,5–14). Jener kleine Hügel, von dem Elias „im feurigen Wagen mit feurigen Rossen im Wetter gen Himmel" aufstieg, ist als **Elias-Hügel** bekannt und bildet das Herz Bethaniens.
Wenn Sie nach der etwa zweistündigen Visite eine Pause einlegen wollen,

können Sie am **Amman Beach → S. 63,** südlich der Luxushotels, ein Bad im Toten Meer nehmen. Ansonsten fahren Sie gleich einige Kilometer auf der Straße nach Amman zurück, bevor Sie im Dorf Kufrein rechts in Richtung Madaba abbiegen. Die Straße schlängelt sich wunderschön aufwärts bis zum **Berg Nebo → S. 70.** Hier soll Moses nach dem Auszug aus Ägypten das Gelobte Land gesehen haben (5. Buch Mose 34). Begraben sein soll er „gegenüber Beth-Peor" (5. Buch Mose 34,6): Das alte **Beth-Peor** liegt östlich des Berges Nebo bei den Moses-Quellen, das Grab Mose ist jedoch unbekannt.

Wenige Kilometer weiter liegt die christliche Stadt **Madaba → S. 68** mit ihren zahlreichen Kirchen. Hier finden Sie auch die älteste Landkarte der Region als Mo-

Herodias bewegte ihre Tochter Salome, Johannes' Kopf zu fordern. Johannes wurde enthauptet, Salome brachte der Mutter das Haupt auf einer Schale (Markusevangelium 6,14 bis 6,29). In Mukawir sind heute nur noch einige **Fundamente der Machärus-Festung** zu sehen, aber

Antike Panoramakarte: das berühmte Palästina-Mosaik in Madaba

saik in der **St.-Georgs-Kirche → S. 69.** Das traditionelle Restaurant **Haret Jdouna → S. 70** in derselben Straße lädt zu einer Pause ein.

Wenn Sie die **Königsstraße → S. 64** Richtung Süden nehmen, befinden Sie sich auf einem der ältesten Verkehrswege der Welt. 12 km südlich von Madaba geht es rechts ab nach **Mukawir.** In Machärus, wie der Ort einst hieß, stand ein befestigtes **Bergschloss des Königs Herodes Antipas → S. 71.** Er nahm Johannes den Täufer gefangen, weil dieser ihm die unrechtmäßige Verbindung mit seiner Schwägerin Herodias öffentlich vorgehalten hatte.

der Blick ist zauberhaft. Übrigens: Nur in Mukawir werden original jordanische Teppiche geknüpft.

Zurück nach Madaba bzw. Amman können Sie über Libb fahren und dabei die idyllische Agrarlandschaft genießen.

2 SPAZIERGANG DURCH DAS VILLENVIERTEL IN JABAL AMMAN

An diesem Viertel Ammans am Ende der Rainbow Street, die vom 1st Circle Richtung Osten abgeht, können Sie bei einem zweistündigen Spaziergang (mit Pausen) die neuere

Geschichte Jordaniens ablesen. Nach einem Erdbeben 1927 wurden viele der von tscherkessischen Einwanderern erbauten Häuser zerstört. Die Elite des neuen Emirats Transjordanien erbaute hier unter König Talal, dem Vater des 1999 verstorbenen Königs Hussein, ihre Residenzen. Viele der architektonisch interessanten Häuser stehen allerdings leer und sind dem Verfall preisgegeben.

Auf der rechten Seite der **Rainbow Street** (vom 1st Circle aus nach etwa 1 km) steht an der Ecke Rifahat at-Tahtawi Street das bescheidene INSIDER TIPP **Geburtshaus von König Hussein.** Auch sein Bruder, der langjährige Kronprinz Hassan, erblickte hier das Licht der Welt. Das schmucklose graue Gebäude mit den grünen Balkons erinnert an die Armut des Königshauses in seinen Anfängen. Einige ältere Anwohner erinnern sich noch an die ersten Kinder- und Jugendjahre Husseins, die er hier verbrachte.

Wenn Sie die Rainbow Street überqueren und links die Fawzy al-Maalouf Street hineingehen, finden Sie auf der linken Seite zunächst die **Jordan River Foundation** → S. 39, die in einem Haus der christlichen Familie Qussus untergebracht ist. Hier residierte auch der Vertreter Großbritanniens in Transjordanien, Alec Kirkbride. 50 m weiter steht auf der linken Seite das aus weißem Stein erbaute **Haus der Familie Bilbaysi** und daneben, aus rosa und weißem Kalkstein, der **Palast** der Familie. Ismael Bilbaysi war ein ägyptischer Einwanderer, der vom Bauarbeiter zum Pascha aufstieg. Im Palast wurden Gäste der königlichen Familie untergebracht, weil der ursprüngliche königliche Palast zu klein war. Eine Anwohnergemeinschaft organisiert den Flohmarkt INSIDER TIPP **Souk Jara** *(Fr 10–16 Uhr)*, auf dem man Öko-Produkte sowie frisch gepresste Obstsäfte und hausgemachte Kuchen kaufen kann.

Am Ende führt eine kleine Treppe zum **Café Wild Jordan** → S. 37, in dem Sie bei einem Tee auf der Terrasse die Aussicht genießen können.

Kehren Sie in die Fawzy al-Maalouf Street zurück. Gegenüber liegt die 1926 von britischen Missionaren gegründete **Ahliyya-Schule.** Das **Grundstück Nr. 40** ist von hohen Mauern umgeben. Hier lebte der britische Offizier Glubb Pascha, der in den 1930er-Jahren die Arabische Legion führte. Gehen Sie am Ende links die Omar Bin al-Khattab Street entlang, bis Sie auf der linken Seite das **Books@ Café** → S. 37 finden. Von der Terrasse im ersten Stock haben Sie einen weiten Ausblick auf den Ostteil Ammans.

3 DIE ENTDECKERROUTE: LIEBLICHE HÜGEL UND HISTORISCHE ORTE

Nach Tagen in Amman sehnen sich Ihre Augen nach Grün? Machen Sie einen Tagesausflug in die nahegelegene Region Balqa, in die Dörfer Iraq Al Amir und Fuheis sowie in die ehemalige Hauptstadt Salt. Sie werden staunen, wie schnell Sie von der Stadtwüste in der Natur sind und was es alles zu sehen gibt.

Von **Amman** → S. 32 geht es auf der Verlängerung der Zahran Street über den 8th Circle Richtung Wadi as-Sir. An dem kleinen Fluss können Sie frühstücken und Reste römischer Aquädukte sehen. Im Frühjahr entdecken Sie auf den Wiesen vielleicht eine Schwarze Iris, die jordanische Nationalblume.

Etwa 10 km nach Wadi as-Sir erreichen Sie das Dorf INSIDER TIPP **Iraq al-Amir** („Höhle des Prinzen", in dem Kunsthandwerkstätten der Jordan River Foundation untergebracht sind. Gegenüber sind etwa ein Dutzend Grotten in den Fels geschlagen, erreichbar über steile Treppen. In den Höhlen können Sie zwei aramäische Inschriften entdecken. Eine Inschrift außen (an der letzten Höhle rechts, wenn man davor steht) nennt die jüdische Familie der Tobiaden, die hier im 2. Jh. v. Chr. gelebt haben soll.

Etwas weiter auf der linken Seite führt eine kleine Straße zum **Qasr al-Abd** (Sklavenschloss). Das im 2. Jh. v. Chr. entstandene Bauwerk ist eine der wenigen gut erhaltenen Ruinen aus hellenistischer Zeit. Seine bis zu 20 t schweren Steinblöcke beeindrucken ebenso wie der einzige erhaltene Steinlöwe und die Friese, die teilweise am Boden liegen. Lassen Sie sich vom Wächter für 2–3 JD Trinkgeld das Museum zeigen und möglichst auch die Diashow – es lohnt sich.

Über Wadi as-Sir fahren Sie am malerischen Wadi Shu'aib entlang nach **Fuheis.** Im Ortsteil Al Balad haben sich an der Rowaq Al Balqa-Straße rund ein Dutzend Kunsthandwerker niedergelassen. Nach einem kleinen Bummel empfiehlt sich eine Rast im wunderschönen Restaurant-Café Zuwwadeh.

Fahren Sie weiter ins meist kühlere ● **Salt** (griechisch „Saltos", der Wald), einst das kulturelle und politische Zentrum des Landes. 1921 wurde in Salt die Gründung des Staates Jordanien proklamiert. Beginnen Sie den Rundgang mit dem **Archäologischen Museum** *(Deir Street (Prince Hamza Street) | April–Okt. Sa–Do 8–16, Nov.–März Sa–Do 8–17 Uhr | Eintritt 2 JD)* – die Ausstellung ist klein, aber es macht Spaß, das verwinkelte Gebäude aus dem 19. Jh. zu erkunden. Bummeln Sie anschließend durch den kleinen arabischen Souk in der Hammamat-Straße. Am Ende der Straße finden Sie linker Hand das **Stadtmuseum** *(Wadi Al Akrad Street | So–Do 8–15h | Eintritt 1 JD)*, das osmanische Wohnhaus der Jaber-Familie. Nach einem kurzen Rundgang durch den italienisch-orientalisch gestylten Wohnpalast überqueren Sie

den Platz, und folgen Sie dem markierten **Heritage Trail,** rechts neben der Moschee treppauf. Er führt Sie zu verschiedenen Sehenswürdigkeiten und zurück ins Stadtzentrum. Die Cafés und Restaurants in Salt sind zum größten Teil noch nicht auf Touristen eingerichtet. Wenn Sie motorisiert sind, nutzen Sie die Gelegenheit, und fahren Sie in den 15 km entfernten **Mountain Breeze Country Club → S. 59.** Mitten im Grünen gibt es hier sehr leckeres Essen. Auch alkoholische Getränke werden serviert. Von hier aus sind es ca. 45 Autominuten zurück ins Zentrum von Amman.

4 FARNE UND FISCHE: IM CANYONPARADIES WADI IBN HAMMAD

Die Schlucht ● Wadi Ibn Hammad bei Karak ist nicht nur wegen ihrer üppigen, tropisch anmutenden Vegetation sehenswert. Sie hat auch den Vorzug, dass selbst Anfänger mit mittlerer Kondition sie ohne Probleme begehen können. Nach etwa 1,5 Std. reiner Gehzeit ist der schönste Teil absolviert. Der Weg ist leicht zu finden, das Gefälle mäßig, der Spaßfaktor garantiert. Allerdings müssen Sie sich auf nasse Füße gefasst machen.

Vorbereitung: Das Wasser im Wadi Ibn Hammad ist zwar gewöhnlich nicht tief, aber Kamera, Handy und Papiere sollten wasserdicht verpackt sein. Sie sollten für alle Fälle im Auto Handtücher und Kleidung zum Wechseln deponieren. Ausreichend Trinkwasser und eine Kopfbedeckung mitnehmen. Gehen Sie nicht allein! *Weitere Hinweise für Wanderungen auf eigene Faust siehe S. 94.*

Anfahrt: Keine direkte Busverbindung. Auf der alten Königsstraße (35) biegen Sie ca. 7 km nördlich von **Karak → S. 67** in Westen in Richtung Batir ab (ausgeschildert). Hinter Batir folgen Sie der Straße, die den Berg hinunterführt, für 2 km bis zur T-Kreuzung, dort links ab. Von hier können Sie das Wadi Ibn Hammad bereits überblicken. Im Frühjahr ist die Blumenpracht überwältigend. Nach weiteren 1,2 km folgt ein Hinweisein und wieder zurück läuft. Achten Sie bei der Wanderung durch den Siq auf die seltenen Tiere (kleine braune Blanford-Füchse, der jordanische Garra-Fisch) und auf die teilweise leuchtend bunten Felsen, die von Mineralien verfärbt sind. Nach rund 1,5 Std. Gehzeit endet der Siq,

Unten nasse Füße, oben leuchtend bunte Farben im Wadi Ibn Hammad

schild. Auf einer schmalen, kurvenreichen, aber gut befestigten Straße fahren Sie dann ca. 7,5 km hinab zu den heißen Quellen. Wenn Sie am anderen Ufer einen natürlichen Pool sehen, inmitten von Palmen, Oleandersträuchern, Farnen und Moosen, stellen Sie das Auto ab. Die Wanderung führt am Rand des Flussbetts entlang bzw. mitten hindurch. Theoretisch können Sie die gesamte Schlucht bis zum Toten Meer bzw. zum Dead Sea Highway ohne Kletterausrüstung durchqueren (Länge 10 bzw. 12 km). Fast genauso schön ist jedoch die kurze Variante, bei der man 3–6 km in die Schlucht hindas Flussbett verbreitert sich, und es gibt kaum noch Schatten. Sie können unter dem Wasserfall rechter Hand ein natürliches Duschbad nehmen, sich abkühlen, rasten und dann wieder zurückgehen oder noch eine Stunde weiterwandern, bis Sie einen weiteren Wasserfall erreichen. Von dort gehen Sie in knapp drei Stunden zum Ausgangspunkt zurück. *Achtung*: In Wüsten-Flussbetten (Wadis) kann es zu plötzlichen, extremen Überschwemmungen kommen. Im Winter und zur Regenzeit sollte man unbedingt Wege oberhalb des eigentlichen Flussbettes nutzen bzw. auf Wadi-Trekkings verzichten.

SPORT & AKTIVITÄTEN

Tauchen und Schnorcheln an den Korallenriffen im Roten Meer bei Aqaba gehört zu den sportlichen Hauptattraktionen. Bei Wassertemperaturen von durchschnittlich 23 Grad herrschen ideale Bedingungen für die Erkundung der bunten Fauna und Flora unter Wasser. Die Korallenriffe des Roten Meers gehören zu den schönsten der Welt. Doch auch Wanderer finden in den Naturschutzgebieten immer mehr Angebote: Übernachtungsmöglichkeiten mitten in der Natur, Wanderwege und ausgebildete Führer – eine solide Infrastruktur.

Sand und Fels spielen möchten. Dann müssen sie für den Abschlag aber eine kleine Matte aus Plastikrasen ausbreiten. Die brauchen sie auf dem einzigen Golfplatz des Landes, dem *Bisharat Golf Club* südlich von Amman. Wassergräben und Teiche gibt es nicht, dafür ein Clubhaus mit großer Terrasse. Neun Löcher können zu einem 18-Loch-Parcours verbunden werden. *Bisharat Golf Club | Airport Road | 15 km südlich Amman, Abfahrt Choueifat School, hinter der Schule rechts ab und bis zur Clubeinfahrt | Tel. 079 5 52 03 34.*

GOLF

Golfspieler finden in dem Wüstenland das Besondere – sofern sie einmal auf

RADFAHREN

Keine Radwege, rücksichtslose Autofahrer, extreme Steigungen: Wer in Jordanien biken will, braucht Fitness

Bild: Abenteuer im Wadi Rum

Ob Korallenriffe oder Canyonlandschaften – unternehmungslustige Besucher finden in Jordanien jede Menge spannender Spots

und gute Nerven. Dennoch entdecken immer mehr Jordanier die Vorzüge eines Fahrrads für sich, und es gibt auch Angebote für Touristen. Im flachen Feuchtlandbiotop Azraq vermietet die *Azraq Lodge* Räder und bietet Touren an. Falls Sie während Ihres Aufenthalts sportlich radeln möchten: Der Fahrradladenbesitzer und Aktivist Sari Husseini aus Amman organisiert **INSIDER TIPP** jeden Freitag eine Tour. Kontakt: über *www.cycling-jordan.com*, über die Facebookgruppe *Cycling Jordan* oder *Tel. 078*

5 55 25 25. Ein schönes Event ist auch die jährliche Frauen-Friedens-Radtour „Follow the Women" (Info unter *sara@ globalone.com.jo*)

REITEN

Für Ausritte eignet sich am besten das sandige *Wadi Rum*. Die endlose Weite bietet sich zum Galoppieren an. Tagestouren auch mit Übernachtung bieten unter anderem: *Atallah Sweilhin | Tel. 03 2 03 35 08 | Stall an der Zufahrtsstraße* zum *Wadi Rum*, sowie *Jordantracks | Saleem Ali, | Tel. 079 6 48 28 01 | www. jordantracks.com*

Auch die Gegend um *Petra* und das *Wadi Mussa* wirken noch faszinierender, wenn man sie zu Pferd erkundet. Solche Unternehmungen werden u. a. von *La Beduina Eco-Tours* angeboten *(Tel. 03 2 15 70 99 | www.labeduinatours.com)*.

TAUCHEN

⭐ In *Aqaba* bieten mehrere Tauchclubs Ausrüstung und Unterricht an. Während man im *Royal Diving Club* einige Korallenriffe gleich vor dem Strand findet, fahren andere Tauchschulen mit Booten zu den Spots, die sich an der südlichen Küste bis zur saudischen Grenze hinziehen. Besondere Attraktionen sind ein russischer Panzer und ein libanesisches Frachtschiff, die für Taucher versenkt wurden. Auch ein Tagesausflug zur *Pharaonen-Insel,* die bereits in ägyptischen Gewässern liegt und besonders schöne Tauchgründe hat, ist zu empfehlen. Alle Tauchschulen bieten Tauchkurse nach dem international gültigen PADI-System an. Theoretische und praktische Prüfungen können abgelegt werden. Die komplette Ausrüstung vom Tauchanzug über Flossen bis zu Sauerstoffflaschen können Sie mieten, auch für Kinder.

WANDERN & KLETTERN

Mit seinen abwechslungsreichen Felslandschaften und seinem günstigen Klima ist Jordanien eine attraktive Destination für Wanderer und Klettersportler. Die Naturschutzgebiete des Landes werden von der Königlichen Gesellschaft für Naturschutz (RSCN) betrieben, mit vielen gut markierten Wander- und Kletterrouten. Im *Ajloun Nature Reserve* etwa 80 km nördlich von Amman erwarten Sie sanfte mediterrane Hügellandschaften mit Eichen, Föhren und dem rotstämmigen wilden Erdbeerbaum. In *Azraq* können Sie exotische Vögel beobachten. In *Dana*, *Petra* und *Wadi Rum* trekken Sie durch aufregende Canyons und über farbenprächtige Felsformationen. Die Schwierigkeitsskala reicht vom einfachen Spaziergang bis zur anspruchsvollen Streckenwanderung oder Touren mit Kletterstellen (*Dana*). Anspruchsvolles Canyoning mit Abseilen und Schwimmen (*Wadi Mujib*) bis hin zum Freeclimbing (*Wadi Rum*) ist ebenfalls möglich.

SICHER WANDERN UND KLETTERN

▶ Klären Sie, ob für die gewünschte Route eine Genehmigung der RSCN notwendig ist (z. B. Wadi Mujib)

▶ Es gibt keine Bergrettung, viele Routen sind nicht überwacht. Wandern Sie nie allein, und sorgen Sie vor, damit notfalls nach Ihnen gesucht wird. Teilen Sie jemandem mit, wohin Sie gehen wollen und wann Sie zurückkommen

▶ Nehmen Sie ein voll aufgeladenes Handy mit, auch wenn es in vielen Schluchten keine Netzabdeckung gibt

▶ Was Sie auf jeden Fall mitnehmen sollten: zwei Liter Trinkwasser, Kopfbedeckung, Sprühpflaster

▶ Tragen Sie knöchelhohe feste Stiefel und luftige Kleidung

Schnell, laut und trendy: Jetskifahren in den Gewässern von Aqaba

Teilweise sind ausgebildete RSCN-Führer obligatorisch. Für Klettertouren im *Wadi Rum* s. Kap. Süden.

Für individuelle Wanderungen finden Sie Touren und Tipps in dem Buch *„Walks, Treks, Caves, Climbs & Canyons"* von Di Taylor und Tony Howard (übers Internet) sowie bei Wilfried Colonna, *www.desert guides.net*. Das Buch *Treks & Climbs in Wadi Rum* von Tony Howard führt zahlreiche Klettertouren auf.

Die Königliche Gesellschaft für Naturschutz bietet hauptsächlich standardisierte Wandertouren für Gruppen an und hält in den Naturschutzgebieten auch Übernachtungsmöglichkeiten bereit. Informationen und Voranmeldung unter *www.rscn.org.jo,* weiterklicken zu *Wild Jordan*. Sowohl Standardtouren als auch individuell zugeschnittene Touren können Sie bei der Firma Terhaal buchen, *www.terhaal.com*.

Auch Indoor-Klettern ist möglich: In Marj Hammam, einem südwestlich gelegenen Vorort von Amman, wurde die erste professionelle Kletterhalle des Landes eröffnet. Kletterunterricht ist hier auch kurzfristig möglich, allerdings sollte man vorsichtshalber telefonisch reservieren. Ausrüstung – auch für Kinder – kann mitgebracht oder vor Ort gemietet werden. *Tgl. 10–22 Uhr | Anfahrt: Amman 8th circle Richtung Flughafen, weiter Richtung Dead Sea, bei Marj Hammam augeschildert | Tel. 06 5 736177 | www.climbat.com*

WASSERSKI & SCOOTER

Die großen Hotels in *Aqaba*, die direkt am Wasser liegen (Mövenpick, Aquamarina I, Intercontinental), bieten verschiedene Wassersportarten an – dazu gehören Wasserski und Scooter. Windsurfen ist bisher nicht verbreitet, möglicherweise, weil Sportler zu leicht die Grenze zu Israel, die im Wasser des Golfs verläuft, überqueren könnten.

MIT KINDERN UNTERWEGS

Jordanien ist ein ideales Reiseland für Familien mit Kindern. Das durchweg trockene Klima (Ausnahme: Jordantal) vertragen selbst Säuglinge ohne Probleme. Zudem sind viele öffentliche Toiletten mit Wickeltischen ausgestattet.

Jordanien bietet noch relativ wenige speziell auf Kinder eingerichtete Attraktionen, doch die jungen Urlaubsgäste werden rundherum verwöhnt. Zahlreiche Aktivitäten wie Zirkus, Theater und Musik hält das *Sommer-Kulturfestival* in Amman bereit *(Juli/August | www.calendar.jo und www.visitjordan.com)*.

In größeren Städten – Amman, Zarqa, Aqaba, Irbid – sind neue Parks und Spielplätze entstanden, die man allerdings nicht immer auf Anhieb findet (Tipp: jordanische Familien auf der Straße ansprechen). In den Sommerferien werden stellenweise Autoscooter, Karussells und Hüpfburgen aufgebaut. Achten Sie unbedingt auf mögliche lose Teile, scharfe Kanten und andere Gefahrenstellen.

Die Naturschutzgebiete sind auch für Kinder interessant, schon Vierjährige kann man auf Wanderungen mitnehmen. Passendes Schuhwerk ist wichtig, dazu eine helle Kopfbedeckung sowie helle, leichte, langärmlige Kleidung für zusätzlichen Sonnenschutz. Und eine Nacht im Beduinenzelt etwa im Wadi Rum ist ein unvergessliches Erlebnis.

AMMAN

AMMAN WAVES (116 C5) *(ΩD5)*

Ein großes Spaßbad mit vielen Schattenplätzen. Die Restaurants sind relativ teuer, daher möglichst Picknick einpacken. *April–Sept. tgl. 10–19 Uhr | Eintritt 15 JD, Kinder 10 JD | vom 7th Circle Richtung Flughafen, nach ca. 12 km rechts ausgeschildert | www.ammanwaves.com*

GÉRARD ICE-CREAM

Die Topadresse für Süßes in Amman: tolles Eis, Kuchen und Kekse. *Filialen u. a.: Abdoun Circle (U A6) (Ω a6), beim Automobilmuseum (116 C5) (Ω D5), in der City Mall (116 C5) (Ω D5)*

INSIDER TIPP ▶ KINDERMUSEUM (116 C5) *(Ω D5)*

Toben und Lernen! Hier stehen Workshops, Musikkonzerte und Theateraufführungen auf dem Programm. Teilweise ist Englisch erforderlich. *Sa–Do 9–18, Fr 10–19 Uhr | King-Hussein-Park, Abfahrt von der King Abdallah II. Street (neben dem Automobilmuseum) | www.cmj.jo*

Im Wasser planschen, Natur entdecken und zur Stärkung nach dem Spielen einen Keks – kleine Gäste sind überall willkommen

SPIELPLATZ IM HUSSEIN PARK ☀
(116 C5) (*D5*)

Der *Hussein Park (im Süden, Eingang gegenüber City Mall)* hat einen Sandplatz mit ordentlichen Spielgeräten (wenig Schatten, Restaurant in der Nähe).

SPORTS CITY (U B1) (*b1*)

Gepflegtes, großes Freibad mit drei Pools (zwei für Nichtschwimmer), Wassergarten, Rutsche und Planschbecken. Sie dürfen Speisen und Getränke mitbringen, in den Snackbars gibt es auch Pommes, Burger oder Salat zu kaufen. *Tgl. 6.30–17.45 Uhr | Außenbereich 25. Mai–30. Sept., Eintritt 15 JD, Innenbereich 1. Okt.–24. Mai, Eintritt 10 JD | am gleichnamigen Kreisverkehr, Eingang von der Shaheed Street aus, Richtung Tennisplatz*

DER SÜDEN

`INSIDER TIPP` BEDUINENPOLIZEI

Im Wadi Rum (120 C5) (*B13*) in der Nähe des *Resthouse* ist die Beduinenpolizei mit Kamelen stationiert: Für Kinder ein echtes Erlebnis.

MÖVENPICK AQABA (120 B5) (*A13*)

Neben dem Eingang des Hotels liegt die German Bakery mit Eis, Kuchen und Muffins, wie Kinder sie mögen. Blitzsauber, zum Mitnehmen oder für eine Ruhepause mit schattigen Sitzgelegenheiten und Wasserspielen. *Tgl. 8–21 Uhr | Corniche*

NEPTUNE (120 B5) (*A13*)

Unternehmen Sie von Aqaba aus eine `INSIDER TIPP` Tour mit der Neptune. Das Ausflugsboot ist unter der Wasseroberfläche durchsichtig. So können auch Nichtschwimmer und Tauchmuffel die Tiefen des Golfs erleben. *Tour (ca. 1 Std) 20 Euro, mit Strandzugang 25 Euro | Tala Bay | Tel. 077 9 43 09 69 | www.aqababoat.com*

SPIELPLATZ (120 B5) (*A13*)

Zwischen dem Ayla-Kreisel und dem Mameluckischen Fort in Aqaba liegt ein schattiger, gut eingerichteter Spielplatz.

EVENTS, FESTE & MEHR

Arbeitnehmer in Jordanien haben kaum geregelte Urlaubszeiten – und so sichern die zahlreichen Feiertage ihnen Erholung. Insbesondere am *Eid al-Fitr* zum Abschluss des Fastenmonats *Ramadan* und zum mehrtägigen Opferfest *Eid al-Adha* fahren die Menschen an das Rote Meer oder an das Tote Meer. Da Hotels und Restaurants dann überfüllt sind, sollten Touristen ihren Besuch an diesen Orten außerhalb dieser Zeiten planen.

Auch der Ramadan ist für Reisende nicht unbedingt zu empfehlen. Viele Restaurants sind gleich den ganzen Monat geschlossen. Auch die Öffnungszeiten sind reduziert. In großen Hotels und Tourismuseinrichtungen läuft der Betrieb normal. Von September bis Mai gibt es in Amman zahlreiche Kulturwochen und Festivals. Höhepunkt ist das *Jordan Festival* mit hochkarätig besetzten Konzerten und Kunstausstellungen in Amman, Jerash und Petra sowie am Toten Meer.

FEIERTAGE

1. Jan. *Neujahr;* **30. Jan.** *Geburtstag König Abdallahs II.;* **1. Mai** *Tag der Arbeit;* **25. Mai** *Tag der Unabhängigkeit;* **14. Nov.** *Geburtstag König Husseins;* **25. Dez.** *Weihnachten*

RELIGIÖSE FESTTAGE

Die religiösen Feiertage verschieben sich gegenüber der globalen (westlichen) Zeitrechnung jährlich um ca. zehn bis elf Tage nach hinten, da sie nach dem Mondkalender berechnet sind. Auch können die Termine von den hier angegebenen Daten um ein bis zwei Tage abweichen, da ihr Beginn bei Neumond mit bloßem Auge bestimmt wird.

▶ *Ramadan:* Islamischer Fastenmonat, in dem von Sonnenaufgang bis Sonnenuntergang nicht gegessen und getrunken werden soll. Beginn: 9. Juli 2013, 28. Juni 2014

▶ *Eid al-Fitr:* Drei- bis viertägiges Fest am Ende des Ramadan. Beginn: 8. Aug. 2013, 28. Juli 2014

▶ *Eid al-Adha:* Viertägiges Opferfest, das an die Opferbereitschaft Abrahams erinnert. Jeder Muslim, der es sich leisten kann, soll ein Schaf schlachten und es mit Bedürftigen teilen. Beginn: 25. Okt. 2012, 15. Okt. 2013, 4. Okt. 2014

▶ *Moulid al-Nabi* (Prophetengeburtstag): 23./24. Jan. 2013, 12./13. Jan. 2014

▶ *1. Muharram (Islamisches Neujahr):* 15. Nov. 2012, 4. Nov. 2013, 25. Okt. 2014

Zahlreiche religiöse Feiertage, eine Oldtimer-Ralley und viele Kulturfestivals – feiern Sie mit den Jordaniern

FESTE UND VERANSTALTUNGEN

MÄRZ/APRIL

▶ Internationales Theaterfestival Amman. *aitf@nol.com.jo*

APRIL

▶ *Dead Sea Marathon:* Ob Ultra-, Normal- oder Halbmarathon: Dieser Lauf ist auf jeden Fall ein Erlebnis. Seit 1993 organisieren die *Amman Road Runners* dieses Mega-Sportevent. Im Dezember gibt es noch einen weiteren Marathonlauf in Aqaba. *www.deadseamarathon.com*

MAI

▶ *Internationales Tanzfestival:* An verschiedenen Orten Jordaniens. *zakhare finmotion.blogspot.com*
▶ *The Jewel that is Jordan:* Alle zwei bis drei Jahre Rallye mit spektakulären Oldtimern. Wechselnde Routen. *www.thejewelevents.com*

JULI

▶ **INSIDER TIPP** *Fuheis-Festival:* Sympathisches Kulturfest des Dorfes Fuheis (eine halbe Stunde von Amman). Anfang Juli ist der christliche Ort bis tief in die Nacht belebt: Freilichtbühnen mit Theater und Musik, zahlreiche Kunstgalerien haben bis spätabends geöffnet. *Tel. 077 7 42 46 76 | www.fuheis.net*

JULI/AUGUST

▶ *Jerash Festival:* Über Jahrzehnte das ● wichtigste Kulturevent Jordaniens, nach einer mehrjährigen Zwangspause wiederbelebt. Neben arabischen auch internationale Künstler. Ein Höhepunkt: der Auftritt der Königlich Jordanischen Marschkapelle. *www.calendar.jo*
▶ ★ *Jordan Festival:* Konzerte mit internationalen und arabischen Künstlern, Tanz, Lesungen, Performances einen Monat in diversen Städten und Regionen. *Friends Of Jordan Festivals | Tel. 06 46133 00 | www.visitjordan.com/jordan festival*

ICH WAR SCHON DA!

Drei User aus der MARCO POLO Community verraten ihre Lieblingsplätze und ihre schönsten Erlebnisse

WIE BEI INDIANA JONES

Bei meinem Besuch in Petra besorgte ich mir ein Zwei-Tages-Ticket, um mir in Ruhe alles ansehen zu können. Besonders beeindruckend fand ich *Ed-Deir* (The Monastery). Das Kloster ist das größte Bauwerk in Petra und gehört nicht zur Standardbesichtigungstour. Der Aufstieg auf das Felsplateau dauerte ungefähr eine Stunde und machte mich ziemlich hungrig. Ganz in der Nähe liegt das *Al-Arabi* – ein nettes, kleines Restaurant mit angenehmer Atmosphäre, das traditionelle Speisen anbietet. Sowohl das Essen als auch der Service waren top! Sehr zu empfehlen! **JOSKI aus Prinzhöfte**

HOTEL MARIAM

In Madaba, ca. 35 km südlich von Amman, waren wir im sauberen, praktisch eingerichteten und familiären Hotel *Mariam (www.mariamhotel.com)* untergebracht. Toll ist vor allem die sehr zentrale Lage, viele Sehenswürdigkeiten und Restaurants lassen sich zu Fuß bequem in etwa 10 Minuten erreichen. **melb1 aus Pirmasens**

VOM DACH AUS STERNE GUCKEN

Bei unserem Ausflug ins Naturschutzgebiet Dana übernachteten wir in der romantischen *Feynan Eco Lodge*. Hier kann man den Alltagsstress ganz weit hinter sich lassen. Besonders toll ist die Dachterrasse, auf der man nachts den wunderschönen Sternenhimmel genießen kann. **Faszination aus Stuttgart**

Haben auch Sie etwas Besonderes erlebt oder einen Lieblingsplatz gefunden, den nicht jeder kennt? Gehen Sie einfach auf www.marcopolo.de/mein-tipp

LINKS, BLOGS, APPS & MORE

LINKS

▶ www.marcopolo.de/jordanien Alles auf einen Blick zu Ihrem Reiseziel: Interaktive Karten inklusive Planungsfunktion, Impressionen aus der Community, aktuelle News und Angebote ...

▶ www.guide2jordan.com Online-Portal mit aktuellen und praktischen Informationen aller Art, inklusive News

▶ www.liportal.inwent.org/jordanien Länderinformationsportal der Gesellschaft für Internationale Zusammenarbeit (giz). Umfangreiche, laufend aktualisierte Informationen zu Land und Leuten, Geschichte, Politik, Wirtschaft, Kultur und Alltag

▶ www.nomadstravel.co.uk Internetseite von Di Taylor und Tony Howard, Pioniere des Wander- und Klettersports in Jordanien und Autoren des Wanderführers *Jordan – Walks, Treks, Caves, Climbs and Canyons* (englisch)

▶ www.ammansnob.com Online-Portal mit vielen Adressen und praktischen Infos zu Amman und Aqaba (auch auf facebook und twitter)

▶ www.liveinaqaba.com Online-Portal mit praktischen Infos zu Aqaba: Restaurants, Shopping, Wellness, Freizeit

BLOGS

▶ www.jordanjubilee.com Der mit Abstand beste Reiseblog über Jordanien mit vielen Informationen zu Land und Leuten. Von Ruth Caswell, die seit über 20 Jahren hier lebt (auch als Buch, englisch)

▶ www.black-iris.com Der Blog des Politikwissenschaftlers und IT-Experten Nassim Tarawneh ist der beste Einstieg in die unabhängige jordanische Bloggerszene (englisch)

▶ www.360east.com Kommentare zu aktuellen gesellschaftlichen und politischen Entwicklungen und Tipps zu IT-Themen (englisch)

Egal, ob Sie sich vorbereiten auf Ihre Reise oder vor Ort sind: Mit diesen Adressen finden Sie noch mehr Informationen, Videos und Netzwerke, die Ihren Urlaub bereichern. Da manche Adressen extrem lang sind, führt Sie der kürzere mp.marcopolo.de-Code direkt auf die beschriebenen Websites

FORUM

▶ mp.marcopolo.de/jor1 Forum mit vielen praktischen Tipps von anderen Reisenden und von Einheimischen (englisch)

VIDEOS

▶ mp.marcopolo.de/jor2 Aus der Reihe „Schätze der Welt" – 15 poetische Minuten über Geologie und Geschichte von Petra und seine einstigen Bewohner

▶ mp.marcopolo.de/jor3 Arabischkurs für Anfänger: Alltägliche Redewendungen (Begrüßung, Zahlen, Fragewörter etc.). Damit können Sie vielleicht noch nicht hart verhandeln, haben aber einen guten Einstieg für ein nettes Gespräch

▶ mp.marcopolo.de/jor4 Wie König Abdallah II. und Königin Rania ihr Land führen. Mit viel Hintergrundinformationen zur jordanischen Gesellschaft und Politik

▶ mp.marcopolo.de/jor5 Bilder und Videos von Hotspots für Aktivurlaub in Jordanien: Natur, Canyoning, Wüstenabenteuer, untermalt mit arabischer Musik

APPS

▶ Jordan: Rough Guides Sehenswürdigkeiten, Restaurants, Shopping, Wetter, Reisen im Land. Für Nokia in englischer Sprache. Auch für iphone und ipad

▶ Animals of Jordan Gut strukturierte App mit detaillierten Infos über Tierarten in Jordanien. Für apple-hardware

▶ Ijazza Jordan Guide Infos über Land und Leute, mit Fotos und Karten. Auf Englisch und Arabisch. Für Nokia

NETWORK

▶ www.facebook.com/GOMagJordan?sk=wall Facebook-Seite des monatlich erscheinenden Trend-Magazins GoMAG Jordan

▶ www.7iber.com Unabhängige jordanisches Nachrichtenportal mit Berichten von „Bürgerjournalisten"

▶ www.facebook.com/Jordan.Magazine Seite des englischsprachigen Trendmagazins JO Magazine mit aktuellen News und Userkommentaren

PRAKTISCHE HINWEISE

ANREISE

🛩 Die Fluggesellschaften Royal Jordanian (*www.rj.com*), Lufthansa (*www.lufthansa.de*), Air Berlin (*www.airberlin.com*) und Austrian Airlines (*www.austrian.com*) fliegen mehrmals wöchentlich direkt von Frankfurt, München und Wien nach Amman, Flugzeit rund viereinhalb Stunden, Zeitunterschied von Frankfurt kommend plus eine Stunde. Ankunft ist in Amman auf dem Queen-Alia-Flughafen, 32 km außerhalb der Stadt. Taxis gibt es am Flughafen. Die Fahrpreise sind festgelegt, man sollte sich den Preis aber sicherheitshalber noch einmal vom Fahrer bestätigen lassen. Fahrten nach Amman (45 Min.) oder Madaba (60 Min.) kosten ca. 20–25 JD. Tipp: Viele Hotels in Amman und Madaba bieten einen Abholservice, der günstiger ist als Flughafentaxis. Rechtzeitig erkundigen! Tagsüber fährt alle 30–60 Min. ein Flughafen-Expressbus zur Busstation Tabarbur im Norden von Amman (Fahrzeit 60 Min., Ticket 4 JD). Von Tabarbur kostet ein Taxi ins Stadtzentrum rund 2–3 JD. Falls Sie vor der Endstation aussteigen möchten, verstauen Sie Ihr Gepäck nicht unten im Kofferraum, sondern nehmen Sie es mit in den Bus. Der Expressbus ist am Flughafen nicht immer pünktlich und manchmal schwer zu finden.

🚗 Auf dem Landweg: von Israel aus an drei Grenzübergängen – Sheikh-Hussein-Brücke, König-Hussein-Brücke (keine Visavergabe) und Wadi Araba (zwischen Aqaba und Eilat) – oder von Syrien aus am Übergang Jaber. Von Ägypten kann man per Schiff vom Sinai übersetzen.

GRÜN & FAIR REISEN

Auf Reisen können auch Sie mit einfachen Mitteln viel bewirken. Behalten Sie nicht nur die CO_2-Bilanz für Hin- und Rückflug im Hinterkopf (*www.atmosfair.de*), sondern achten und schützen Sie auch nachhaltig Natur und Kultur im Reiseland (*www.gate-tourismus.de; www.zukunft-reisen.de; www.ecotrans.de*). Gerade als Tourist ist es wichtig, auf Aspekte zu achten wie Naturschutz (*www.nabu.de; www.wwf.de*), regionale Produkte, Fahrradfahren (statt Autofahren), Wassersparen und vieles mehr. Wenn Sie mehr über ökologischen Tourismus erfahren wollen: europaweit *www.oete.de*; weltweit *www.germanwatch.org*

AUSKUNFT

JORDAN TOURISM BOARD
– c/o Kleber PR Network GmbH | Hamburger Allee 45 | 60486 Frankfurt | Tel. 069 71 91 36 62 | germany@visitjordan.com
– Tunis Street | Amman | zwischen 4th und 5th Circle, neben dem Duty-Free-Shop | Tel. 06 5 67 82 94 | www.visitjordan.com

An nahezu jedem touristisch bedeutsamen Ort gibt es mittlerweile ein staatliches Besucherzentrum (Visitor Center). Die Zentren sind meist durchgehend geöffnet (außer im Ramadan) und bieten Eintrittskarten, Sachinformationen, Führungen und grundlegende Services wie Toiletten und Erste Hilfe. Wo es kein Besucherzentrum gibt, hilft die Touristenpolizei weiter. Die Beamten sprechen in der Regel Englisch und sind hilfsbereit.

Von Anreise bis Zoll

Urlaub von Anfang bis Ende: die wichtigsten Adressen und Informationen für Ihre Jordanienreise

AUTO

Mit dem eigenen Wagen benötigt man einen internationalen Führerschein und ein Carnet de Passage. An der Grenze muss eine Haftpflichtversicherung abgeschlossen werden. Gurtpflicht, Handybenutzung ist während der Fahrt verboten. Bleifreies Benzin ist nicht an allen Tankstellen erhältlich. An Autobahnen gibt es zahlreiche Radarkontrollen (Höchstgeschwindigkeit 110 km/h). Die Bußgelder sind happig und werden sofort kassiert! Das Straßennetz ist gut ausgebaut, und Fahren mit Mietautos ist grundsätzlich kein Problem. Gelegentlich hapert es mit der Beschilderung. Umleitungen infolge Baustellen sind oft unzureichend markiert. Die einheimischen Fahrzeuge werden oft nur mangelhaft überwacht. Im Dunkeln kann es passieren, dass plötzlich ein unbeleuchteter Lastwagen auftaucht oder dass ein Gefährt ungesichert an der Straße steht. Bei Nachtfahrten ist deshalb besondere Vorsicht angebracht – versuchen Sie, möglichst vor Einbruch der Dunkelheit anzukommen. Bei kurzen Aufenthalten kann es von Vorteil sein, ein Auto mit Fahrer zu mieten. Die Kosten betragen je nach Entfernung 50 bis 100 Euro pro Tag, Übernachtungen extra. Autos mit Fahrer finden Sie u. a. bei den Autovermietungen. Sie können aber auch an der Rezeption Ihres Hotels fragen oder direkt an einem Taxistand.

BADEN & STRÄNDE

Sonne satt, glasklares Wasser und traumhafte Korallenriffe – Jordanien ist wie geschaffen für einen Bade- und Tauchurlaub. Mangels langer Küsten und aufgrund der konservativen Mentalität der Bevölkerung sind ungestörte öffentliche Plätze zum Schwimmen und Sonnenbaden aber rar. Für ein paar Dinar extra findet man leicht Alternativen. Am Toten Meer kosten Privatstrände mit Pool, Dusche und Umkleide 10–15 JD/Tag. Hotelstrände sind wesentlich teurer, doch der Eintritt enthält meist einen Essens- oder Getränkevoucher (s. Kapitel Totes Meer). In Aqaba bieten Tauchclubs und kleinere Hotels schon ab 8 JD/Tag Zugang zu Pools/Privatstränden, teils inkl. Liege, Sonnenschirm und Handtuch. In großen Hotelanlagen im Zentrum und in Tala Bay kosten Pool- und Strandnutzung ab 30 JD/Tag inkl. Lunch/Getränk.

WAS KOSTET WIE VIEL?

Tee	0,30 Euro *für ein Glas in der Altstadt*
Falafel	ab 1 Euro *für ein Falafel-Sandwich*
Bier	5,50 Euro *für ein Glas (0,3 l) im Hotel*
Wasserpfeife	ab 12 Euro *als Souvenir in der Altstadt*
Taxi	1,20–2,50 Euro *für eine Stadtfahrt*
Tageszeitung	0,30 Euro *für eine „Jordan Times"*

BANKEN & GELD

Die Banken sind Sonntag bis Donnerstag von 8.30–15 Uhr geöffnet. Geld tauschen Sie am günstigsten bei privaten Wechselstuben. Mit Kreditkarten (Visa, Masters und American Express) kann man in Banken und an Automaten Geld abheben und in vielen großen Geschäften und Hotels bezahlen. An Geldautomaten kann auch mit der EC-Karte Geld abgehoben werden.

DIPLOMATISCHE VERTRETUNGEN

BOTSCHAFT DER BUNDESREPUBLIK DEUTSCHLAND
Benghazi Street 25, Jabal Amman | Tel. 06 5 93 03 51 und 5 93 03 67 | www. amman.diplo.de

BOTSCHAFT DER REPUBLIK ÖSTERREICH
Mithaq al-Fayez Street 36, nahe 3th Circle, Jabal Amman | Tel. 06 4 60 11 01 | amman-ob@bmaa.gv.at

BOTSCHAFT DER SCHWEIZ
Ibrahim Ayoub Street 19, nahe 4th Circle, Jabal Amman | Tel. 06 5 93 14 16 und 5 93 03 75 | www.eda.admin.ch/amman

BOTSCHAFT DES HASCHEMITISCHEN KÖNIGREICHS JORDANIEN
Heerstr. 201 | 13595 Berlin | Tel. 030 3 69 96 00 | Visumabteilung Tel. 36 99 60 48 | www.jordanembassy.de

EIN- & AUSREISE

Der Reisepass muss am Tag der Einreise noch mindestens sechs Monate gültig sein. Ein Visum bekommen Europäer problemlos im Flughafen in Amman. Für Reisende aus Deutschland, Österreich und der Schweiz kostet es 20 JD, und es muss in jordanischer Währung bezahlt werden. Neben dem Visaschalter gibt es eine Bank zum Geldwechseln. Das Visum ist vier Wochen gültig und kann in jeder Polizeistation verlängert werden.

Ein Mehrfachvisum muss vor Reiseantritt bei der jordanischen Botschaft (s. Diplomatische Vertretungen) beantragt werden und kostet 60 Euro. Achtung bei Einreise über Aqaba: Das Visum ist kostenlos und gilt einen Monat lang für ganz Jordanien. Es kann aber nur in Aqaba verlängert werden. Aufgrund der wechselhaften politischen Situation in der Westbank sollten Individualtouristen für Abstecher nach Jerusalem den jordanisch-israelischen Grenzübergang Sheikh Hussein im Norden benutzen. Ist eine Rückreise von Israel nach Jordanien geplant, sollte man sich vorher ein Mehrfachvisum für Jordanien besorgen.

FOTOGRAFIEREN

Außer militärischen Anlagen und Palästen der Königsfamilie darf alles fotografiert werden. Menschen müssen Sie vorher um Erlaubnis fragen.

GESUNDHEIT

Besondere Impfungen sind nicht nötig. Die hygienischen Verhältnisse sind meist sehr gut, die medizinische Versorgung ist nahezu flächendeckend. Meiden Sie Leitungswasser (am besten Mineralwasser trinken) sowie bei einem empfindlichen Magen Salate und frisches Obst. Durchfall kann vorkommen, aber ernsthafte Erkrankungen sind selten. Man sollte immer Toilettenpapier dabeihaben.

Deutsche sollten eine Reisekrankenversicherung abschließen, da gesetzliche Krankenkassen die Kosten jordanischer Ärzte und Kliniken nicht übernehmen. Amman verfügt über hervorragende Ärzte und Krankenhäuser. Für Notfälle zu empfehlen ist das *Arab Center for*

Heart and Special Surgery (hinter dem Sheraton-Hotel | Tel. 06 5 92 11 99). Behandlungen sind bar zu bezahlen. Infos im Internet: *www.fit-for-travel.de*

Avis Tel. 06 5 69 94 20 30 | Dalleh Tel. 06 5 51 11 12 | Hertz Tel. 06 5 62 41 91 | Sixt Tel. 06 5 65 22 07

KLEIDUNG

Von April bis Oktober genügen leichte Baumwollkleidung und ein Pullover für die kühlen Nächte. Ein Sonnenhut ist unverzichtbar. Im Winter wird in Amman und im Norden warme Kleidung benötigt. Am Toten Meer und in Aqaba ist es zu dieser Zeit jedoch frühlingshaft warm. Für Wanderungen und die Besichtigung von Petra sollte man unbedingt feste, knöchelhohe Schuhe einpacken.

MEDIEN

In den meisten Hotels kann man Satellitenprogramme empfangen. Der zweite jordanische Fernsehsender sendet auf Englische und Französisch. Auch Radio Jordan sendet auf FM 96,3 MHz in englischer Sprache, BBC World auf MW 103,1 MHz. Die englischsprachige Tageszeitung „Jordan Times" erscheint Sonntag bis Freitag. Das englischsprachige Lifestyle-Magazin „JO!" erscheint monatlich. Die jordanische Nachrichtenagentur „Petra" können Sie als RSS feed auf Englisch abonnieren.

MIETWAGEN

Es gibt zahlreiche internationale Autovermietungen, oft mit Niederlassungen in den großen Hotels. Die Preise liegen bei etwa 35 bis 50 Euro/Tag. Daneben gibt es lokale Anbieter, die in der Regel ebenfalls zuverlässig sind. Angebote finden Sie auch auf *www.billiger-mietwagen.de*. Vorabbuchungen von zu Hause aus sind meist besser abgesichert, vor Ort wird es günstiger.

NOTRUF

Zentrale Notrufnummer *911* für Polizei, Feuerwehr, Notarzt oder Pannenhilfe

ÖFFENTLICHE VERKEHRSMITTEL

Wer von Amman aus per Minibus in andere Städte fahren will, muss zur zentralen Busstation Tabarbur fahren (Taxi ab Stadtmitte ca. 2,50 JD / Minibusse 1–5 JD je nach Entfernung). Die Busgesellschaften JETT *(www.jett.com.jo)* und Trust bieten täglich mehrere Verbindungen in alle großen Städte des Landes an, teilweise in mehreren Kategorien (z. B. JETT Amman–Aqaba: 8 JD (normal), 17 JD (Luxus). Zwischen Petra und Aqaba verkehren nur Taxis. Achtung: Freitags und samstags fahren auf vielen Strecken weniger Busse. Rechtzeitig reservieren bzw. Abfahrtszeiten erfragen!

Die einzige Inlandsflugstrecke ist Amman–Aqaba. Täglich zwei Flüge vom Flughafen Marka im Osten der Stadt (einfache Strecke 50 Min., 50 JD).

Die einzige Bahnstrecke des Landes ist die *Hedjazbahn (Auskunft Tel. 06 4 89 54 13)*, die von den Osmanen zu Beginn des 20. Jhs. gebaut wurde. Zweimal wöchentlich verkehrt ein Zug zwischen Amman und Damaskus (ca. 200 km, rund 8 Std.).

ÖFFNUNGSZEITEN

Ämter und Banken in Jordanien sind Freitag und Samstag geschlossen, viele Privatunternehmen nur Freitrag, einige christliche Geschäfte auch Sonntag.

Manche Geschäfte haben freitagnach-mittags geöffnet, Supermärkte (Safe-way, Cosmo) rund um die Uhr.

POST

Nach Deutschland benötigt eine Postkar-te (800 Fils) 4–6 Tage, ein Paket (maxi-mal 20 kg, rund 45 JD für 10 kg) ca. 8–10 Tage. *www.jordanpost.com.jo*

PREISE & WÄHRUNG

Der jordanische Dinar (umgangssprach-lich *jaydee,* nach der englischen Version des Kürzels JD) ist in 100 Piaster oder 1000 Fils unterteilt. Preise werden oft in Fils angegeben. Bekommen Sie also keinen Schreck, wenn eine Packung Zigaretten 800 Fils kostet, das sind 0,80 JD. Der Dinar ist an den US-Dollar gebunden.

REISEZEIT

Die besten Reisezeiten sind März bis Mit-te Juni und September bis November. Im Winter liegt in Amman und im Norden teilweise Schnee, und es ist kalt und teils regnerisch. In den Sommermonaten ist es im Süden und am Toten Meer ausge-sprochen heiß.

SICHERHEIT

Bei Redaktionsschluss riet das Aus-wärtige Amt Jordanienreisenden zu besonderer Vorsicht. Bitte beachten Sie die aktuellen Hinweise unter *www. auswaertiges-amt.de.*

STROM

Netzspannung 220 Volt, Stecker mit zwei Rundstiften sind erforderlich.

WETTER IN AMMAN

	Jan.	Feb.	März	April	Mai	Juni	Juli	Aug.	Sept.	Okt.	Nov.	Dez.
Tagestemperaturen in °C	13	14	17	23	28	31	32	33	31	28	21	15
Nachttemperaturen in °C	4	5	7	10	15	17	19	19	18	14	10	6
Sonnenschein Stunden/Tag	6	8	10	10	11	14	14	13	12	10	8	6
Niederschlag Tage/Monat	8	8	4	3	1	0	0	0	0	1	4	5

TAXI

Taxis sind in Jordaniens großen Städten das meistgenutzte Verkehrsmittel. Weiße Sammeltaxis („serviis") fahren auf festgelegten Routen (von 7–19 Uhr). Gelbe Taxis haben keine festen Standorte, man winkt sie einfach an der Straße heran. Bestehen Sie darauf, dass der Fahrer den Taxameter anschaltet. In Amman gibt es seit Kurzem auch Funktaxis, die man telefonisch zu einer bestimmten Adresse bestellen kann, z. B. *Al Moumayyaz, Tel. 06 5 79 99 99, www.taxi-jo.com*

WÄHRUNGSRECHNER

€	JD	JD	€
1	0,95	1	1,05
3	2,85	3	3,14
5	4,75	5	5,23
10	9,49	10	10,46
25	23,74	25	26,14
50	47,48	50	52,28
100	94,95	100	104,56
150	142,44	150	156,84

TELEFON & HANDY

Wer im Urlaub telefoniert und dabei sein Handy von zu Hause nutzt, sollte sich eine SIM-Karte der jordanischen Firma Zain für Touristen kaufen („Zain Visitors"). Sie kostet 6 JD, ist drei Monate gültig, aufladbar, aber nicht verlängerbar. Wichtig: Ihr Mobiltelefon darf nicht kodiert sein. Zain bietet auch prepaid-Pakete für das iphone 4 sowie für mobiles Internet (*www.jo.zain.com/english*). Ländervorwahl Jordanien: 00962. Bei einem Anruf aus dem Ausland bzw. mit einem ausländischen Handy lässt man die Null vor der Ortsvorwahl bzw. vor der Nummer des Mobilfunknetzes weg (z. B. 0-79).
Bei einem Anruf aus dem jordanischen Festnetz ins jordanische Mobilfunknetz wählen Sie die jeweilige Netzvorwahl mit der Null (z. B. 079 oder 077). Bei Anrufen von Jordanien ins Ausland wählen Sie 0049 (Deutschland), 0043 (Österreich) und 0041 (Schweiz). Nationale Auskunft von Jordan Telecom (Orange) *Tel. 121,* (englisch/arabisch) Die Nummer der Auskunft kann sich jederzeit ändern. Bitte schauen Sie bei Bedarf in der „Jordan Times" unter „Directory Assistance/Enquiries".

TRINKGELD

Restaurants schlagen 10 Prozent auf die Rechnung auf, dennoch ist ein kleines Trinkgeld für Kellner oder Zimmermädchen angemessen. Für Gepäckträger ist ein halber Dinar üblich. Bei Taxifahrten wird um etwa 300 Fils aufgerundet.

ZEIT

Jordanien ist der Mitteleuropäischen Zeit (MEZ) winters und sommers jeweils um eine Stunde voraus.

ZOLL

Bei der Einreise sind 200 Zigaretten oder 200 g Tabak sowie zwei Flaschen Wein oder eine Flasche Spirituosen zollfrei. Es gibt keine Devisenbeschränkungen. Die Ausfuhr von archäologischen Antiquitäten ist verboten. Zollfreie Mengen in die EU sind u. a. 200 Zigaretten oder 250 g Tabak, 1 l Alkohol über und 2 l Alkohol bis 22 Prozent sowie Geschenke für 430 Euro (bei Einreise auf dem Landweg 300 Euro). www.zoll.de Für Kinder und Jugendliche bis einschließlich 17 Jahre gelten reduzierte Einfuhrmengen. Bargeld über 10 000 Euro muss bei der Einreise in die EU offiziell angemeldet werden.

SPRACHFÜHRER ENGLISCH

AUSSPRACHE

Zur Erleichterung der Aussprache sind alle englischen Wörter mit einer einfachen Aussprache (in eckigen Klammern) versehen. Folgende Zeichen sind Sonderzeichen:

θ	hartes [s] (gesprochen mit Zungenspitze an der oberen Zahnreihe, zischend)
D	weiches [s] (gesprochen mit Zungenspitze an der oberen Zahnreihe, summend)
'	nachfolgende Silbe wird betont
ə	angedeutetes [e] (wie in „Bitte")

AUF EINEN BLICK

ja/nein/vielleicht	yes [jäs]/no [nəu]/maybe [mäibi]
Bitte/Danke	please [plihs]/thank you [θänkju]
Entschuldigung!	Sorry! [sori]
Entschuldigen Sie!	Excuse me! [Iks'kjuhs mi]
Wie bitte?	Pardon? ['pahdn?]
Ich möchte .../Haben Sie ...?	I would like to ... [ai wudd 'laik tə]/Have you got ...? ['Həw ju got?]
Wie viel kostet ...?	How much is ...? ['hau matsch is?]
gut/schlecht	good [gud]/bad [bäd]
kaputt/funktioniert nicht	broken ['brəukən]/doesn't work ['dasənd wörk]
Rechnung/Quittung	invoice [,inwois]/receipt [ri'ssiht]
alles/nichts	everything ['evriθing]/nothing [naθing]
Hilfe!/Achtung!/Vorsicht!	Help! [hälp]/Attention! [ə'tänschən] Caution! ['koschən]
Krankenwagen	ambulance ['ämbjulənts]
Polizei/Feuerwehr	police [po'lihs]/fire brigade [faiə brigäid]
Verbot/verboten	ban [bän]/forbidden [fohr'biddän]
Gefahr/gefährlich	danger [deinschər]/dangerous ['deinschərəss]
Darf ich Sie/hier fotografieren?	May I take a picture of you? [mäi ai täik ə 'piktscha of ju?]/May I take pictures here? [mäi ai täik 'piktschas hihr?]
Gute(n) Morgen!/Tag!/Abend!/Nacht!	good morning! [gud 'mohning]/afternoon! [aftə'nuhn]/evening! [,ihwning]/night! [nait]
Hallo!/Auf Wiedersehen!	Hello! [hə'ləu]/Goodbye! [gud'bai]
Tschüss!	Bye! [bai!]

Do you speak English?

„Sprichst du Englisch?" Dieser Sprachführer hilft Ihnen, die wichtigsten Wörter und Sätze auf Englisch zu sagen

Ich heiße ...	My name is ... [mai näim is]
Wie heißen Sie?	What's your name? [wots jur näim?]
Wie heißt du?	What's your name? [wots jur näim?]
Ich komme aus ...	I'm from ... [aim from ...]
heute/morgen/gestern	today [tə'däi]/tomorrow [tə'morəu]/yesterday ['jästədäi]
Stunde/Minute	hour ['auər]/minutes ['minəts]
Tag/Nacht/Woche	day [däi]/night [nait]/week [wihk]
Monat/Jahr	month [manθ]/year [jiər]
Ich habe ein Zimmer reserviert.	I have booked a room. [ai häw buckt ə ruhm]
nach vorne/zum Meer	forward [fohwəd]/to the sea [tu Də sih]
Schlüssel/Zimmerkarte	key [ki]/room card ['ruhm kahd]
Gepäck/Koffer/Tasche	luggage ['laggətsch]/ suitcase ['sjutkäis]/bag [bäg]
Wie viel Uhr ist es?	What time is it? [wət 'taim is it?]
Es ist drei Uhr.	It's three o'clock. [its θrih əklok]

ARABISCH

Ja./Nein.	na'am/la oder: kalla	نعم/لا، كلا
Bitte./Danke.	min fadlak/schukran	من فضلك/شكرا
Entschuldigung!	'afwan	عفوا
Guten Tag!/Guten Abend!	sabba l-chair/masa l-chair	صباح الخير/مساء الخير
Auf Wiedersehen!	ma'a s-salama	مع السلامه
Ich heiße ...	ismi ...	اسمي
Ich komme aus ...	ana min ...	انا من
... Deutschland.	... almania	المانيا
... Österreich./Schweiz.	... al nimsa/swizera	النمسا/سويسرا
Ich verstehe Sie nicht.	ana la afhamuka [ki]	انا لا افهمك
Wie viel kostet es?	kam jukallif dhalika	كم يكلّف ذلك
Bitte, wo ist...?	'afwan aina ...	عفوا اين

1	wahid (واحد)١	5	chamsa (خمسة)٥	9	tis'a	(تسعة)٩
2	itnan (اثنان)٢	6	sitta (ستّة)٦	10	'aschra	(عشرة)١٠
3	talata (ثلاثة)٣	7	sab'a (سبعة)٧	20	'ischrun	(عشرون)٢٠
4	arba'a (اربعة)٤	8	tamanija (ثمانية)٨	100	mia	(مئة)١٠٠

UNTERWEGS

offen/geschlossen	open ['oupän]/closed ['klousd]
Abfahrt/Abflug/Ankunft	departure [dih'pahtschə]/departure [dih'pahtschə]/arrival [ə'raiwəl]
Toiletten/Damen/Herren	toilets ['toilət] (auch: restrooms [restruhms])/ladies ['läidihs]/gentlemen ['dschäntlmən]
(kein) Trinkwasser	(no) drinking water [(nou) 'drinkin 'wotər]
Wo ist ...?/Wo sind ...?	Where is ...? ['weə is?]/Where are ...? ['weə ahr?]
links/rechts	left [läft]/right [rait]
geradeaus/zurück	straight ahead [streit ə'hät]/back [bäk]
nah/weit	near [niə]/far [fahr]
Bus/Straßenbahn	bus [bas]/tram [träm]
U-Bahn/Taxi	underground ['andəgraunt]/taxi ['tägsi]
Haltestelle/Taxistand	stop [stap]/taxi stand ['tägsi ständ]
Fahrplan/Fahrschein	schedule ['skädjuhl]/ticket ['tikət]
ein Auto/Tankstelle	a car [ə kahr]/petrol station [pätrol stäischən]

ESSEN & TRINKEN

Reservieren Sie uns bitte für heute Abend einen Tisch für vier Personen.	Could you please book a table for tonight for four? [kudd juh 'plihs buck ə 'täibəl for tunait for fohr?]
auf der Terrasse	outside [aut'said]/on the terrace [on Də 'täräs]
am Fenster	at the window [ät Də 'windəu]
Die Speisekarte, bitte.	The menue, please. [Də 'mänjuh plihs]
mit/ohne Eis/Kohlesäure	with [wiD]/without ice [wiD'aut ais]/gas [gäs]
Vegetarier(in)/Allergie	vegetarian [wätschə'täriən]/allergy ['ällədschi]
Ich möchte zahlen, bitte.	May I have the bill, please? [mäi ai häw De bill plihs?]

BANKEN & GELD

Bank/Geldautomat	bank [bänk]/ATM [äi ti äm] (auch: cash machine ['käschməschin])
Ich möchte ... Euro wechseln.	I'd like to change ... Euro. [aid laik tu tschäindsch]
bar/ec-Karte/Kreditkarte	cash [käsch]/ATM card [äi ti äm kahrd]/credit card [krädit kahrd]
Wechselgeld	change [tschäindsch]

GESUNDHEIT

Arzt/Zahnarzt/Kinderarzt	doctor ['doktər]/dentist ['däntist]/pediatrician [pidiə'trischən]
Krankenhaus	hospital ['hospitəl]
Fieber/Schmerzen	fever ['fihwər]/pain [päin]
Durchfall/Übelkeit	diarrhoea [daiə'riə]/nausea ['nohsiə]

Sonnenbrand	sunburn ['sanböhrn]
entzündet/verletzt	inflamed [in'fläimd]/injured ['indschəd]
Apotheke/Drogerie	pharmacy ['farməssi]/chemist ['kemist]
Schmerzmittel/Tablette	pain reliever [päin re'lihwər]/tablet ['täblət]

TELEKOMMUNIKATION & MEDIEN

Briefmarke/Brief	stamp [stämp]/letter ['lättər]
Postkarte	postcard ['pəustkahd]
Telefonkarte	phone card ['founkahd]
fürs Festnetz	for the fixed line network [fohr Də fikst lain 'nättwörk]
Ich suche eine Prepaid-karte für mein Handy.	I'm looking for a prepaid card for my mobile. [aim 'lucking fohr ə 'pripäid kahd for mai 'mobail]
Internetzugang	internet access ['internet 'äkzäss]
wählen/Verbindung/besetzt	dial ['daiəl]/connection [kə'nnäktschən]/busy [bisi]
Batterie/Akku	battery ['bättəri]/rechargeable battery [ri'tschahdschəbəl 'bättəri]
Internetanschluss/WLAN	internet connection ['internet kə'näktschən]/Wifi [waifai] (auch: Wireless LAN ['waərläss lan])
E-Mail/Datei/ausdrucken	email ['imäil]/file [fail]/ print [print]

FREIZEIT, SPORT & STRAND

Strand/Strandbad	beach [bihtsch]/lido ['lidəu]
Sonnenschirm/Liegestuhl	umbrella [am'bräla]/deckchair ['däcktschäər]
Ebbe/Flut/Strömung	low tide [lou taid]/flood [flad]/flow [flou]

ZAHLEN

0	zero ['sirou]	15	fifteen [fif'tihn]
1	one [wan]	16	sixteen [siks'tihn]
2	two [tuh]	17	seventeen ['säwəntihn]
3	three [θri]	18	eighteen [äi'tihn]
4	four [fohr]	19	nineteen [nain'tihn]
5	five [faiw]	70	seventy ['säwənti]
6	six [siks]	80	eighty ['äiti]
7	seven ['säwən]	90	ninety ['nainti]
8	eight [äit]	100	(one) hundred [('wan) 'handrəd]
9	nine [nain]	200	two hundred ['tuh 'handrəd]
10	ten [tän]	1000	(one) thousand [('wan) θausənd]
11	eleven [i'läwn]	2000	two thousand ['tuh θausənd]
12	twelve [twälw]	10 000	ten thousand ['tän θausənd]
13	thirteen [θör'tihn]	1/2	a/one half [ə/wan 'hahf]
14	fourteen [fohr'tihn]	1/4	a/one quarter [ə/wan 'kwohtə]

REISEATLAS

Die grüne Linie ▬▬ zeichnet den Verlauf der Ausflüge & Touren nach
Die blaue Linie ▬▬ zeichnet den Verlauf der Perfekten Route nach

Der Gesamtverlauf aller Touren ist auch in
der herausnehmbaren Faltkarte eingetragen

Bild: Säulenstraße in Jerash

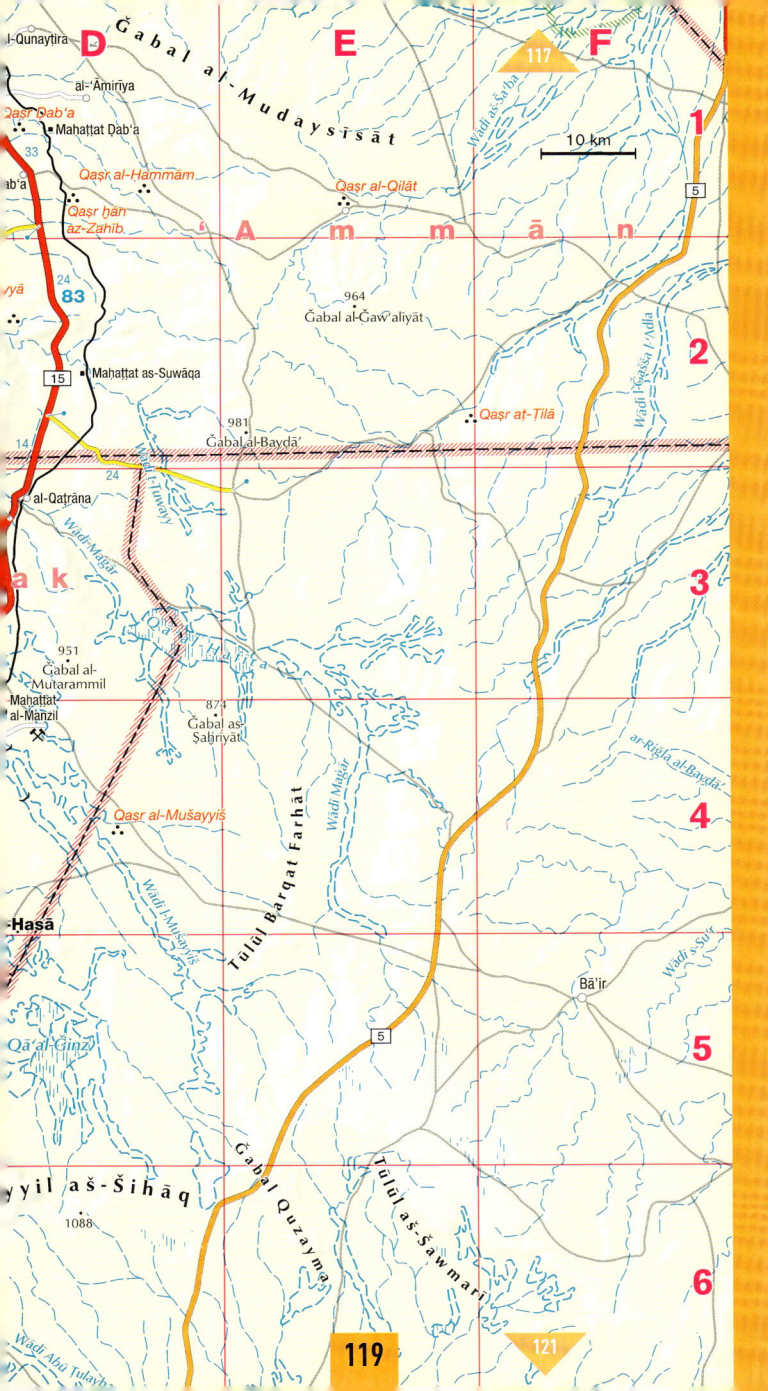

I-Qunaytira **D** Ǧabal al-Mudaysīsāt **E** **F**

117

al-ʿĀmirīya

10 km

Qaṣr Ḍabʿa

Wādī aš-Šaʿba

1

■ Maḥaṭṭat Ḍabʿa

33

5

Qaṣr al-Ḥammām

 abʿa

Qaṣr al-Qilāt

Qaṣr ḫān az-Zahīb

ʿ A m m ā n

yā

24

83

964

•

Ǧabal al-Ǧawʿalīyāt

Wādī Ǧešša l-ʿAdla

2

15

■ Maḥaṭṭat as-Suwāqa

981

•

Ǧabal al-Baydāʾ

• *Qaṣr aṭ-Ṭilā*

14

Wādī Fruwaiy

24

• al-Qaṭrāna

Wādī Maǧar

a   k

3

951

•

Ǧabal al-Mutarammil

Maḥaṭṭat al-Manzil

874

•

Ǧabal aš-Šaḥrīyāt

ar-Riǧla al-Baydā

Qaṣr al-Mušayyiš

Wādī Maǧar

4

Wādī Mušayyiš

Ḥasā

Tūlūl Barqat Farḥāt

Wādī Sūr

Qāʿ al-Ǧinz

Bāʾir

•

5

5

yyil aš-Šiḥāq

Ǧabal Quzayma

Tūlūl aš-Šawmari

1088

•

6

Wādī Abū Ṭulaḥa

119

121

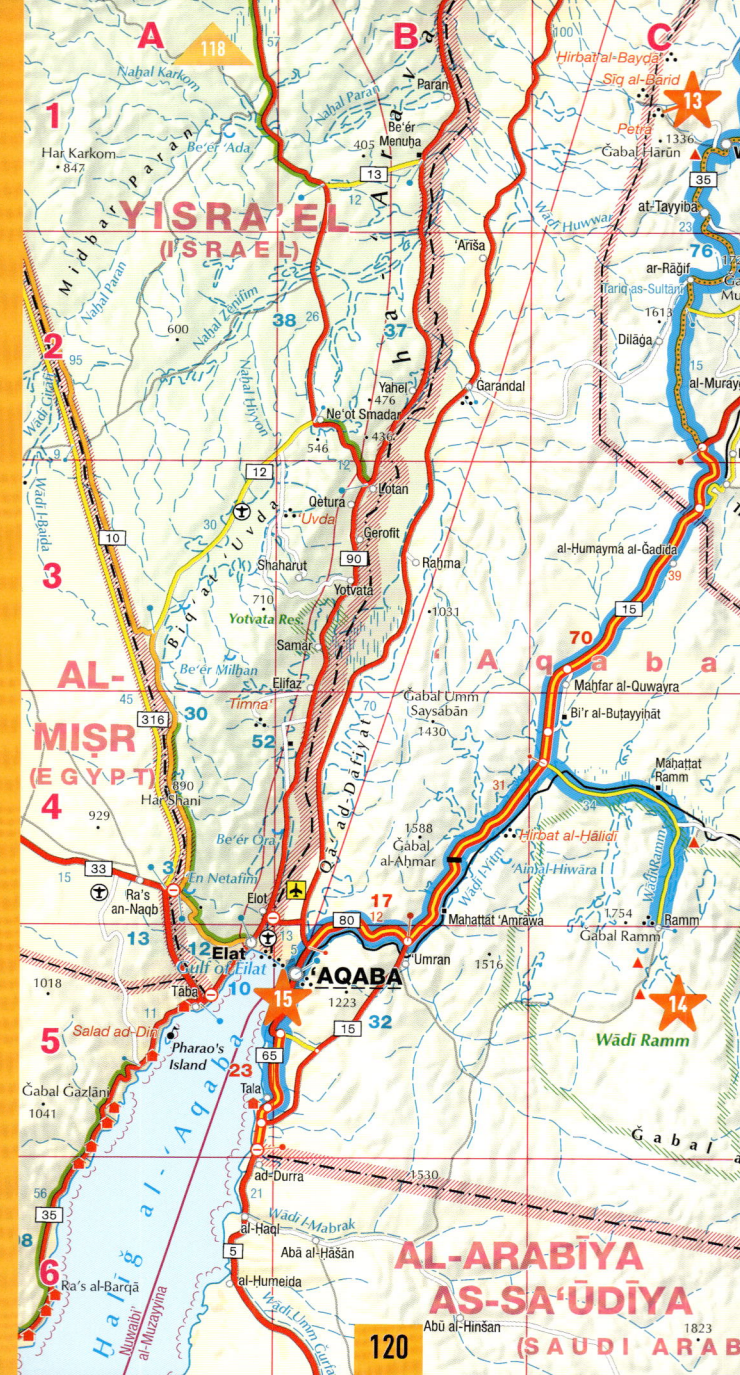

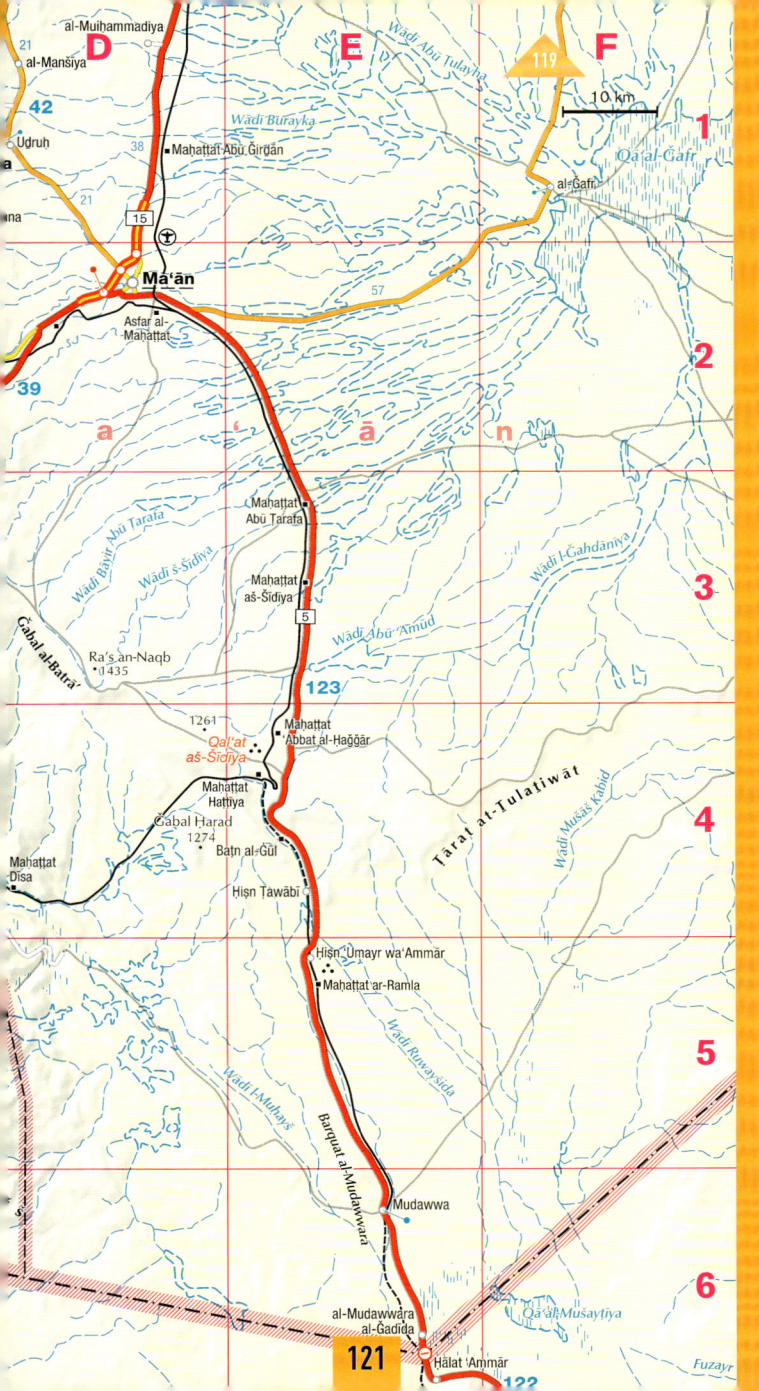

al-Muhammadiya
al-Manšiya
D
21
42
Udruh
E
Wādi Abū Tulaylḥa
119
F
10 km

38
Mahaṭṭat Abū Ǧirǧan
Wādi Burayka
1
Qaʿ al-Ǧafr

15
al-Ǧafr

Maʿān
57
2
Asfar al-Mahaṭṭat
39

a   ʿ   ā   n

Mahaṭṭat Abū Tarafa
Wādi Bāṭin Abū Tarafa
Wādi š-Šidīya
Mahaṭṭat aš-Šidīya
5
Wādi Abū ʿAmūd
Wādi l-Ǧahdānīya
3
Gābal al-Batrāʾ
Raʾs an-Naqb
1435
123
1261
Qalʿat aš-Šidīya
Mahaṭṭat ʿAbbat al-Haǧǧar
Mahaṭṭat Hattīya
Gābal Harad
1274
Ṭaraf al-Tulaṭīwāt
Wādi Mūsā Kabīd
4
Mahaṭṭat Dīsa
Baṭn al-Ǧūl
Ḥiṣn Tawābī
Ḥiṣn ʿUmayr waʿAmmār
Mahaṭṭat ar-Ramla
5
Wādi l-Muḥays
Wādi Ruwaysida
Barqat al-Mudawwara
Mudawwa
6
al-Mudawwara al-Ǧadīda
Qaʿ al-Muṣaytīya
121
Ḥālat ʿAmmār
122
Fuzayr

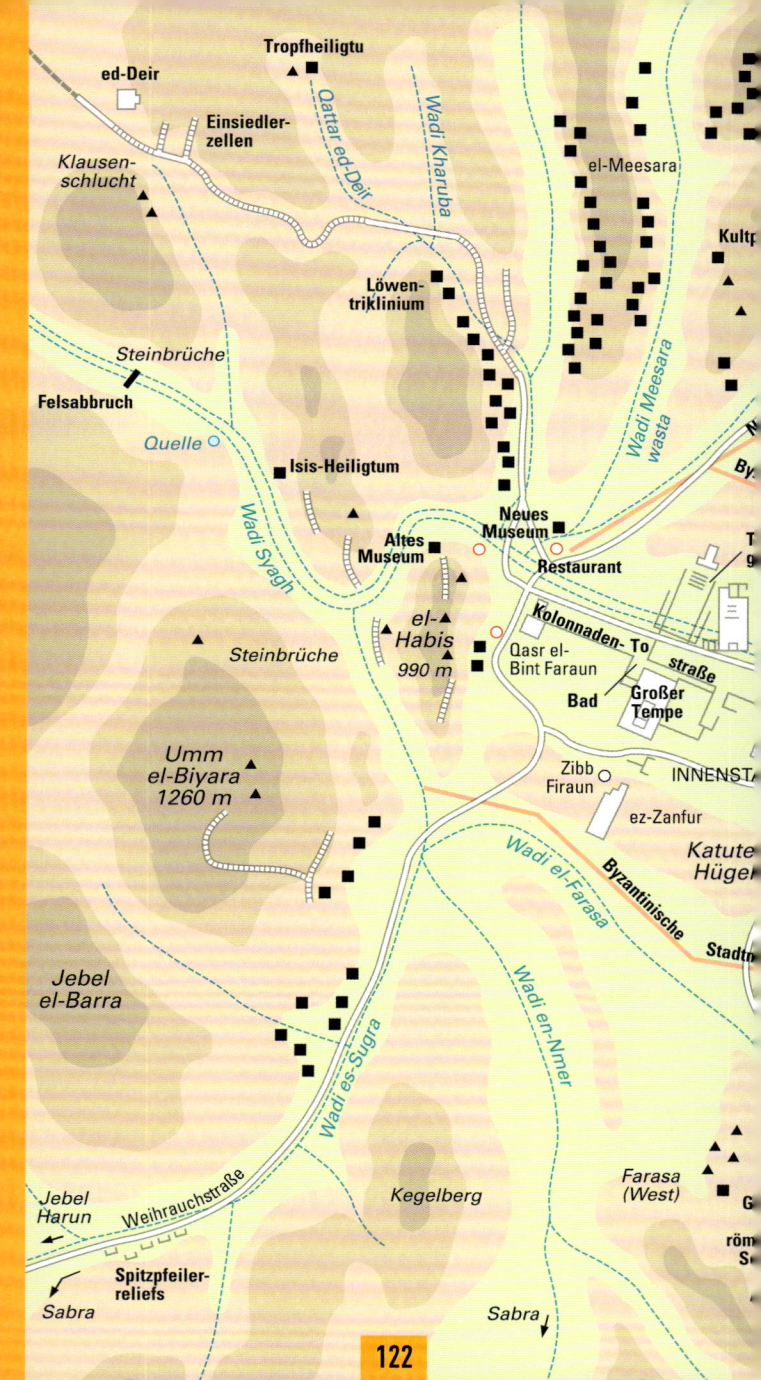

ed-Deir

Tropfheiligtu

Einsiedler-
zellen

Klausen-
schlucht

Qattar ed-Deir

Wadi Kharuba

el-Meesara

Kultp

Löwen-
triklinium

Steinbrüche

Felsabbruch

Quelle

Wadi Meesara wasta

N

Isis-Heiligtum

By

Neues
Museum

Altes
Museum

Restaurant

Wadi Syagh

T
g

el-
Habis
990 m

Kolonnaden-To

straße

Steinbrüche

Qasr el-
Bint Faraun

Bad

Großer
Tempe

Umm
el-Biyara
1260 m

Zibb
Firaun

ez-Zanfur

INNENST

Wadi el-Farasa

Katute
Hüger

Jebel
el-Barra

Byzantinische

Stadtm

Wadi es-Sugra

Wadi en-Nmer

Jebel
Harun

Weihrauchstraße

Kegelberg

Farasa
(West)

G

röm
S

Spitzpfeiler-
reliefs

Sabra

Sabra

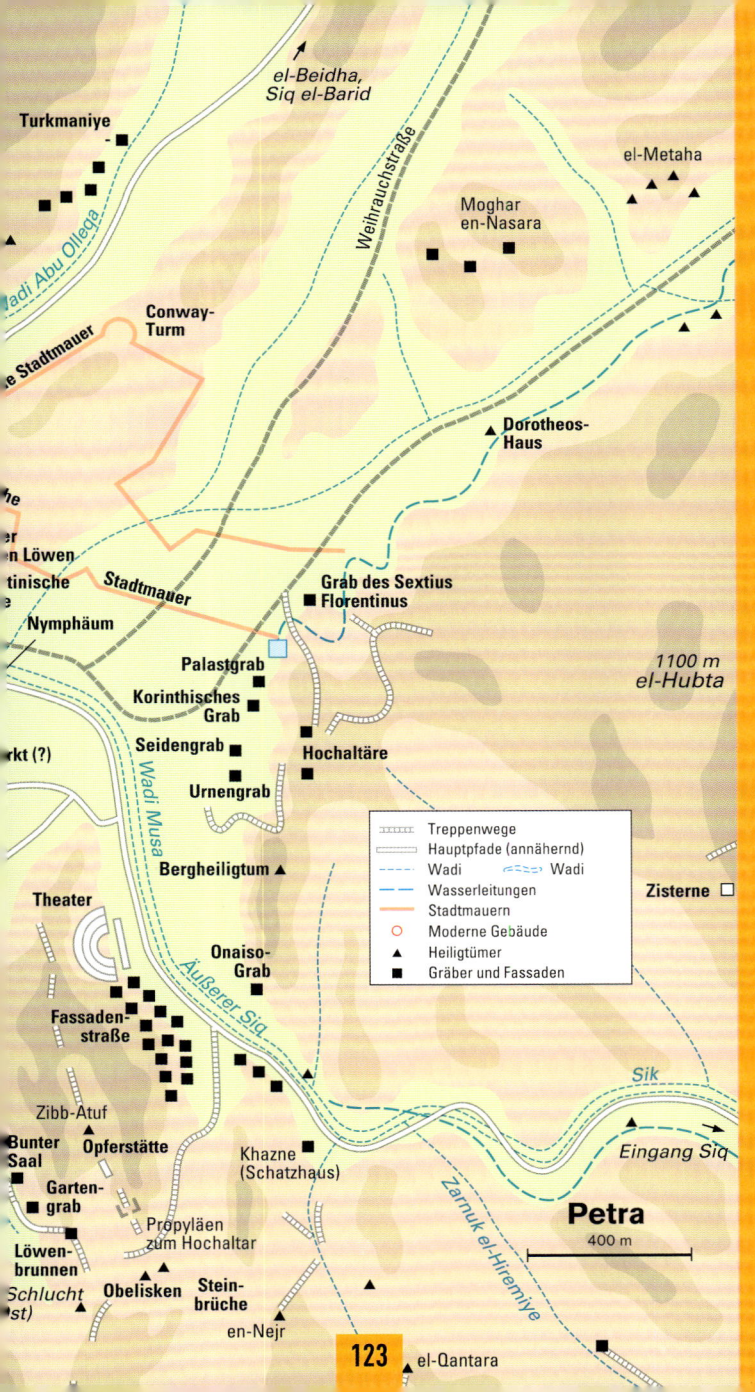

Turkmaniye

el-Metaha

el-Beidha,
Siq el-Barid

Weihrauchstraße

Moghar
en-Nasara

Wadi Abu Ollega

Conway-
Turm

e Stadtmauer

Dorotheos-
Haus

he

er
n Löwen
tinische
e

Stadtmauer

Grab des Sextius
Florentinus

Nymphäum

1100 m
el-Hubta

Palastgrab

Korinthisches
Grab

Seidengrab

Hochaltäre

rkt (?)

Urnengrab

Wadi Musa

Bergheiligtum ▲

Zisterne ☐

Theater

Onaiso-
Grab

Äußerer Siq

Fassaden-
straße

Sik

Zibb-Atuf

Eingang Siq

Bunter
Saal

Opferstätte

Garten-
grab

Khazne
(Schatzhaus)

Petra

Löwen-
brunnen

Propyläen
zum Hochaltar

Zarnuk el-Hiremiye

400 m

Schlucht
st)

Obelisken

Stein-
brüche

en-Nejr

123 ▲ el-Qantara

	Treppenwege
	Hauptpfade (annähernd)
	Wadi ⌇⌇⌇ Wadi
	Wasserleitungen
	Stadtmauern
○	Moderne Gebäude
▲	Heiligtümer
■	Gräber und Fassaden

KARTENLEGENDE

Autobahn mit Anschlussstellen	Motorway with junctions
Autobahn in Bau	Motorway under construction
Mautstelle	Toll station
Raststätte mit Übernachtung	Roadside restaurant and hotel
Raststätte	Roadside restaurant
Tankstelle	Filling-station
Autobahnähnliche Schnell-straße mit Anschlussstelle	Dual carriage-way with motorway characteristics with junction
Fernverkehrsstraße	Trunk road
Durchgangsstraße	Thoroughfare
Wichtige Hauptstraße	Important main road
Hauptstraße	Main road
Nebenstraße	Secondary road
Eisenbahn	Railway
Autozug-Terminal	Car-loading terminal
Zahnradbahn	Mountain railway
Kabinenschwebebahn	Aerial cableway
Eisenbahnfähre	Railway ferry
Autofähre	Car ferry
Schifffahrtslinie	Shipping route
Landschaftlich besonders schöne Strecke	Route with beautiful scenery
Alleenstr. Touristenstraße	Tourist route
XI-V Wintersperre	Closure in winter
Straße für Kfz gesperrt	Road closed to motor traffic
8% Bedeutende Steigungen	Important gradients
Für Wohnwagen nicht empfehlenswert	Not recommended for caravans
Für Wohnwagen gesperrt	Closed for caravans
Besonders schöner Ausblick	Important panoramic view

Wartenstein Sehenswert: Kultur - Natur	
Umbalfälle Of interest: culture - nature	
Badestrand	Bathing beach
Nationalpark, Naturpark	National park, nature park
Sperrgebiet	Prohibited area
Kirche	Church
Kloster	Monastery
Schloss, Burg	Palace, castle
Moschee	Mosque
Ruinen	Ruins
Leuchtturm	Lighthouse
Turm	Tower
Höhle	Cave
Ausgrabungsstätte	Archaeological excavation
Jugendherberge	Youth hostel
Allein stehendes Hotel	Isolated hotel
Berghütte	Refuge
Campingplatz	Camping site
Flughafen	Airport
Regionalflughafen	Regional airport
Flugplatz	Airfield
Staatsgrenze	National boundary
Verwaltungsgrenze	Administrative boundary
Grenzkontrollstelle	Check-point
Grenzkontrollstelle mit Beschränkung	Check-point with restrictions
ROMA Hauptstadt	Capital
VENÉZIA Verwaltungssitz	Seat of the administration
Ausflüge & Touren	Trips & Tours
Perfekte Route	Perfect route
1 MARCO POLO Highlight	MARCO POLO Highlight

ALLE **MARCO POLO** REISEFÜHRER

REGISTER

Das Register enthält alle in diesem Reiseführer erwähnten Orte und Ausflugsziele, wichtige Persönlichkeiten sowie einige Sachbegriffe. Gefettete Seitenzahlen verweisen auf den Haupteintrag.

SCHREIBEN SIE UNS!

SMS-Hotline: 0163 6 39 50 20

Egal, was Ihnen Tolles im Urlaub begegnet oder Ihnen auf der Seele brennt, lassen Sie es uns wissen! Ob Lob, Kritik oder Ihr ganz persönlicher Tipp – die MARCO POLO Redaktion freut sich auf Ihre Infos.

Wir setzen alles dran, Ihnen möglichst aktuelle Informationen mit auf die Reise zu geben. Dennoch schleichen sich manchmal Fehler ein – trotz gründ-

E-Mail: info@marcopolo.de

licher Recherche unserer Autoren/innen. Sie haben sicherlich Verständnis, dass der Verlag dafür keine Haftung übernehmen kann. Kontaktieren Sie uns per SMS, E-Mail oder Post!

MARCO POLO Redaktion
MAIRDUMONT
Postfach 31 51
73751 Ostfildern

IMPRESSUM

Titelbild: Kamele im Wadi Rum (Laif/hemis.fr: Mattes)
Fotos: @fotolia.com: erwinova (16 u.); Darna Village (17 u.); DuMont Bildarchiv: Gartung (52, 99); Huber: Borchi (44), Simeone (114/115), Ripani (27, 102 u.), Szyszka (15); F. Ihlow (6, 88); M. Kirchgessner (Klappe r., 3 M., 4, 8, 22, 26 l., 28/29, 29, 30 l., 30 r., 34, 46, 48, 55, 58, 61, 62, 64/65, 83, 86/87, 95, 97, 98/99, 103); Laif/hemis. fr: Giuglio (91), Mattes (1 o.), Laif: Eid (Klappe l., 2 M., 2 M. u., 42/43, 80/81), Gaasterland (3 o., 28, 56/57), Gumm (2 M. o., 18/19, 32/33, 37), Hemispheres (24/25), Heuer (72, 74, 85), Riehle (40); Rima Malallah (16 o.); mauritius images: age (20), Bibikow (39, 68, 96/97), CuboImages (12/13, 66); mauritius images/imagebroker: de Cuveland (9), Eisele-Hein (2 o., 5), von Poser (26 r.); H. Mielke (2 u., 3 u., 7, 10/11, 50/51, 70, 76/77, 78, 96, 102 o.); M. Sabra (1 u.); T. Stankiewicz (98); The Royal Society for the Conservation of Nature (17 o.); Terhaal Eco Adventure: Rakan Mehyar (16 M.); vario images: imagebroker (92/93)

7. Auflage 2013
Komplett überarbeitet und neu gestaltet
© MAIRDUMONT GmbH & Co. KG, Ostfildern
Chefredaktion: Michaela Lienemann (Konzept, Chefin vom Dienst), Marion Zorn (Konzept, Textchefin)
Autorin: Andrea Nüsse; Koautorin: Martina Sabra; Redaktion: Cordula Natusch
Verlagsredaktion: Anita Dahlinger, Ann-Katrin Kutzner, Nikolai Michaelis
Bildredaktion: Gabriele Forst, Iris Kaczmarczyk
Im Trend: wunder media, München
Kartografie Reiseatlas: © MAIRDUMONT, Ostfildern; Kartografie Faltkarte: © MAIRDUMONT, Ostfildern
Innengestaltung: milchhof: atelier, Berlin; Titel, S. 1, Titel Faltkarte: factor product münchen
Sprachführer: in Zusammenarbeit mit Ernst Klett Sprachen GmbH, Stuttgart, Redaktion PONS Wörterbücher

BLOSS NICHT ✋

Ein paar Dinge, die Sie in Jordanien beachten sollten

MINIROCK ODER SHORTS TRAGEN

Jordanier sind sehr höflich und werden Sie nicht anpöbeln, weil Sie aufreizende Kleidung tragen. Wenn Sie aber weniger als Exot auffallen und mit der Bevölkerung in Kontakt kommen wollen, empfiehlt sich dezente Kleidung: lange Hosen für Männer und Röcke oder Hosen, die das Knie bedecken, für Frauen. Sie werden auch bei größter Hitze keinen Jordanier sehen, der Shorts trägt. Ausnahmen finden sich bei der Jugend der Upperclass in Amman. Anders ist es an Touristenorten wie den Stränden von Aqaba, dem Wadi Rum oder bei Wandertouren: Hier können Sie kurze Hosen tragen. Für den Besuch einer Moschee sollten Frauen immer ein Kopftuch einpacken.

KORALLEN UND FISCHE ANFASSEN

Nicht nur wegen des Artenschutzes sollten Sie beim Tauchen und Schnorcheln nichts anfassen. Es gibt in der Unterwasserwelt des Roten Meers Fische und Korallen, die höchst giftig sind. Auch die Stacheln der Seeigel brechen leicht ab und bleiben unter der Haut sitzen. Das Abbrechen von Korallen ist strafbar. Hände weg, nur anschauen!

ZUM ATHEISMUS BEKENNEN

Nutzen Sie die Gelegenheit für interessante Diskussionen über Religion und Islam. Vermeiden Sie es jedoch, sich als Atheist zu präsentieren. Sie werden nur verständnisloses Staunen hervorrufen, und ein Gespräch wird möglicherweise beendet werden. Denn in der arabischen Welt gibt es – wenn überhaupt – nur einzelne Intellektuelle, die sich zur Gottlosigkeit bekennen. Atheismus ist verpönt und gesellschaftlich nicht akzeptabel. Juden und Christen werden dagegen als „Leute des Buches" (Thora, Bibel) anerkannt und respektiert.

HITZE UND KÄLTE UNTERSCHÄTZEN

Die Temperaturunterschiede in Jordanien sind extrem. Wenn Sie im Sommer im Wadi Rum oder in Aqaba unterwegs sind, müssen Sie immer Wasserflaschen und einen Hut dabeihaben. Die Temperaturen steigen hier auf über 40 Grad. In Amman, das fast 1000 m hoch liegt, brauchen Sie dagegen auch in Sommernächten oft einen leichten Pullover. Kommen Sie im Winter nach Jordanien, ziehen Sie sich warm an. Nicht nur in Amman und im Norden des Landes liegt regelmäßig Schnee – wenn auch nur für kurze Zeit. Eine Nacht in der Wüste kann schon Ende Oktober eiskalt sein. Packen Sie unbedingt eine Daunenjacke und warme Unterwäsche ein.

DIE AUSWEISPAPIERE VERGESSEN

Tragen Sie immer Ihre Ausweispapiere mit sich, das gilt vor allem für Ausflüge an das Tote Meer, ins Jordantal, nach Aqaba usw. Ohne Papiere wird man an den zahllosen Checkpoints abgewiesen und zurückgeschickt.